우등생 수학 연산력 문제집

차례

2학년 2학기 연산 단원으로만 구성되어 있습니다.

2-2

1 단원 네 자리 수

1 100이 10개인 수

100이 10개이면 1000입니다.
1000은 천이라고 읽습니다.

☐ 안에 알맞은 수를 써넣으시오.

1 100이 10개이면 ☐입니다.

2 900보다 100만큼 더 큰 수는 ☐입니다.

3 990보다 10만큼 더 큰 수는 ☐입니다.

4 999보다 1만큼 더 큰 수는 ☐입니다.

5 1000은 800보다 ☐만큼 더 큰 수입니다.

6 1000은 700보다 ☐만큼 더 큰 수입니다.

1000원이 되려면 얼마가 더 필요한지 쓰시오.

1

☐원

2

☐원

3

☐원

4

☐원

5

☐원

6

☐원

7

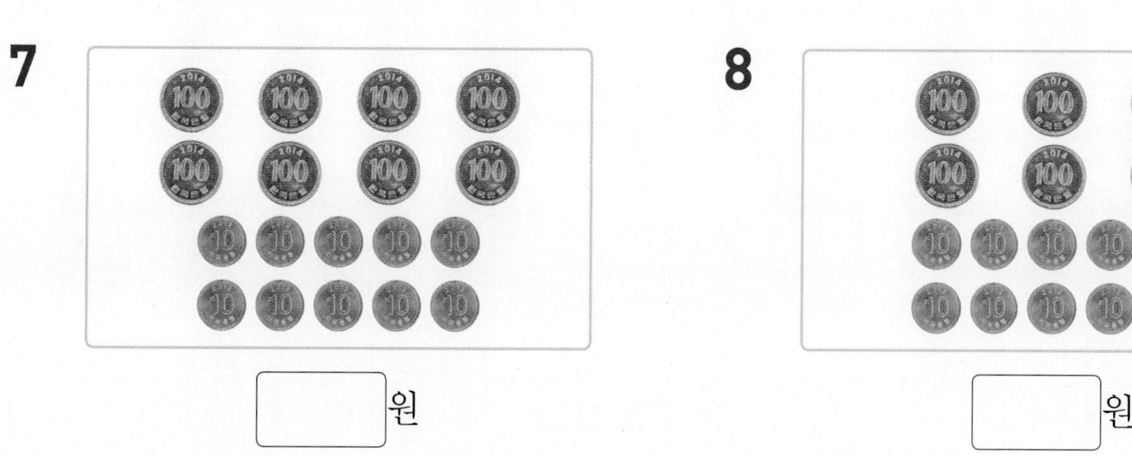

☐원

8

☐원

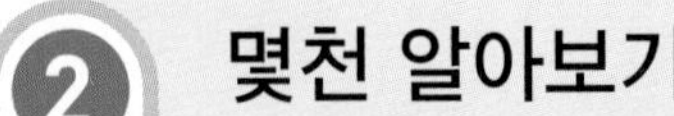

② 몇천 알아보기

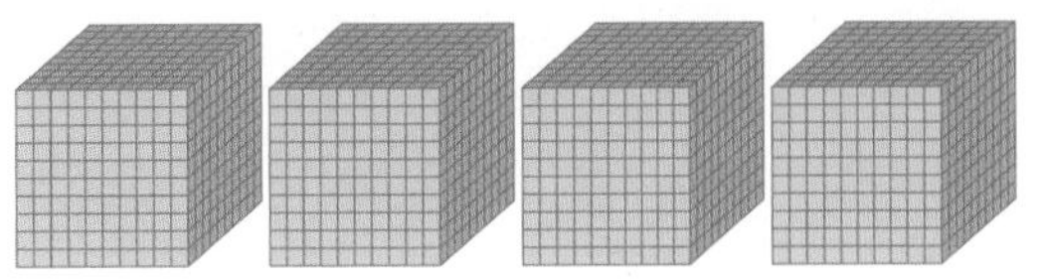

1000이 4개이면 4000입니다.
4000은 사천이라고 읽습니다.

수를 쓰고 읽으시오.

1

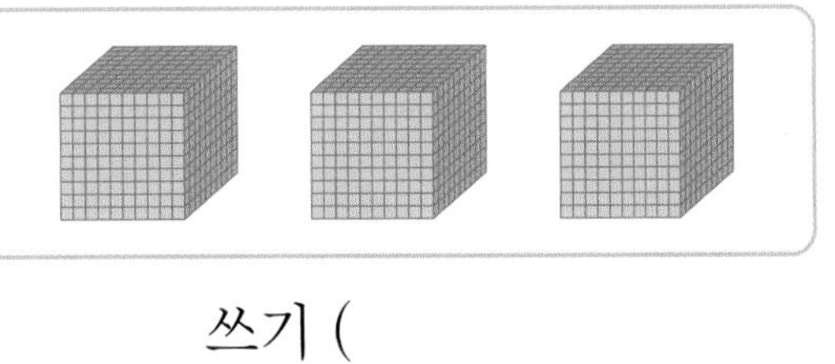

쓰기 (   )
읽기 (   )

2

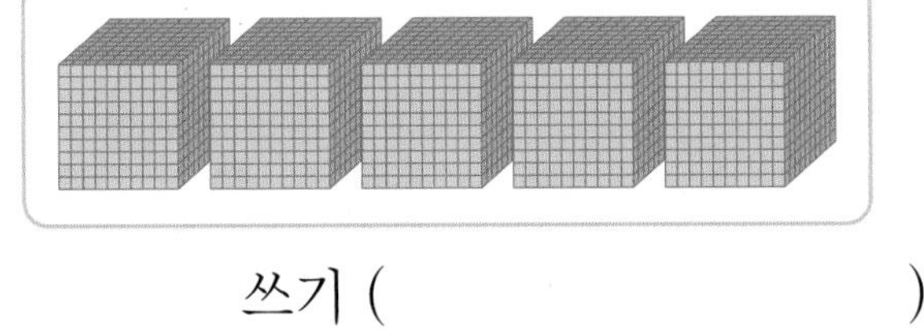

쓰기 (   )
읽기 (   )

3

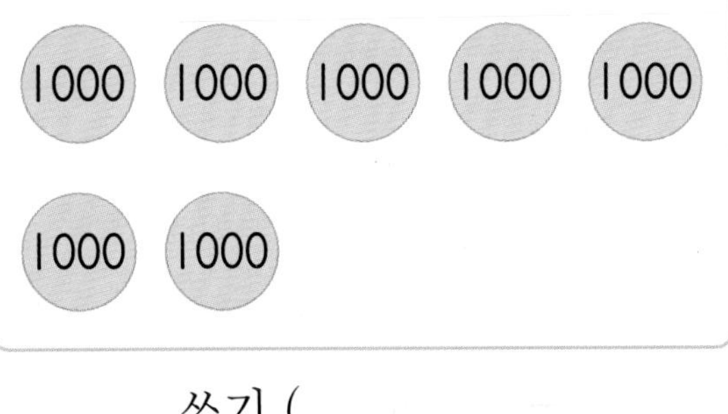

쓰기 (   )
읽기 (   )

4

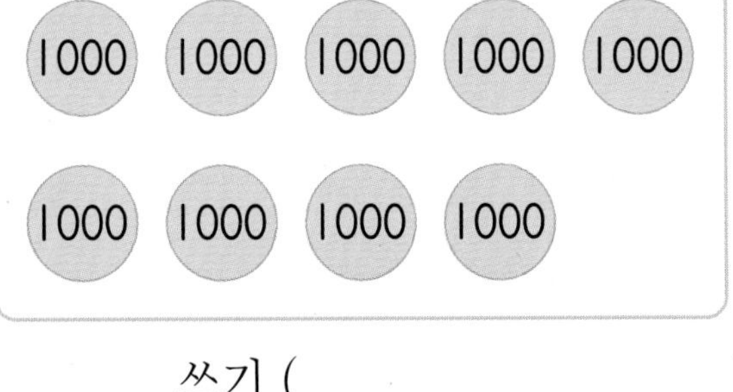

쓰기 (   )
읽기 (   )

5

쓰기 (   )
읽기 (   )

6

쓰기 (   )
읽기 (   )

□ 안에 알맞은 수나 말을 써넣으시오.

1 1000이 3개이면 □이고 □이라고 읽습니다.

2 1000이 2개이면 □이고 □이라고 읽습니다.

3 1000이 5개이면 □이고 □이라고 읽습니다.

4 1000이 7개이면 □이고 □이라고 읽습니다.

5 1000이 8개이면 □이고 □이라고 읽습니다.

6 1000이 6개이면 □이고 □이라고 읽습니다.

7 1000이 9개이면 □이고 □이라고 읽습니다.

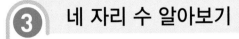

3 네 자리 수 알아보기

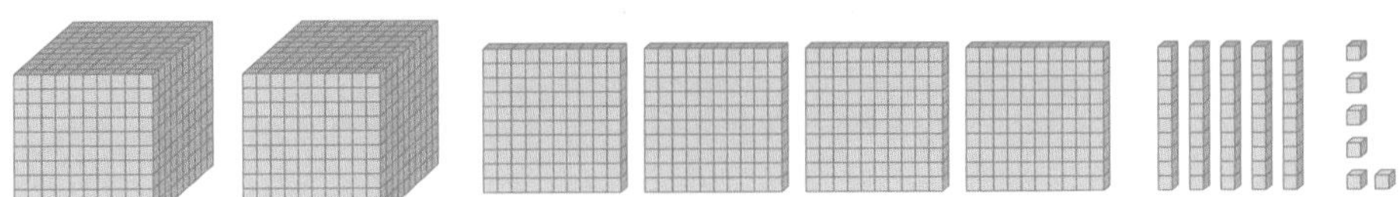

1000이 2개, 100이 4개, 10이 5개, 1이 6개이면 2456입니다.
2456은 이천사백오십육이라고 읽습니다.

수 모형이 나타내는 수를 쓰시오.

1
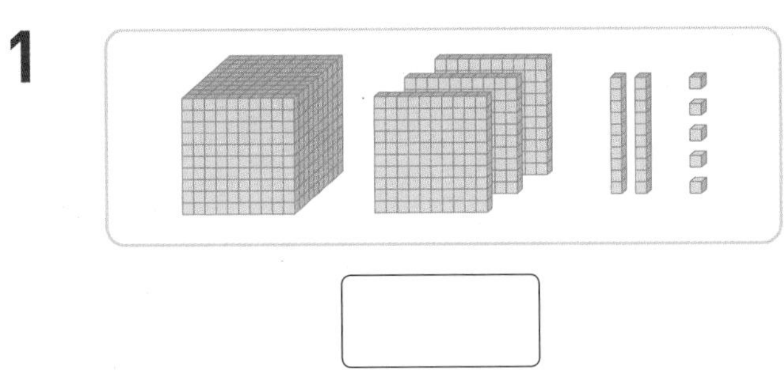

2
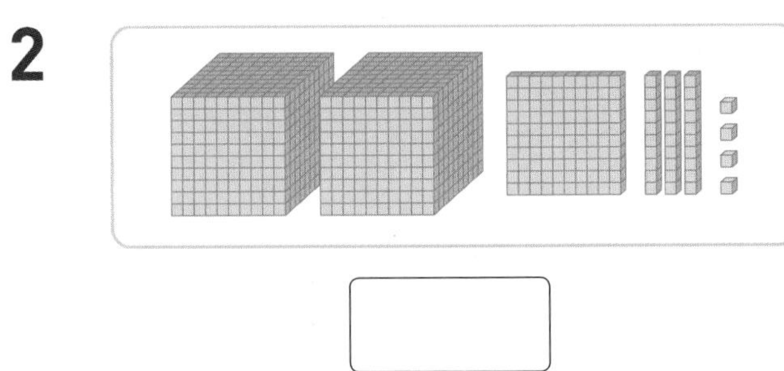

3
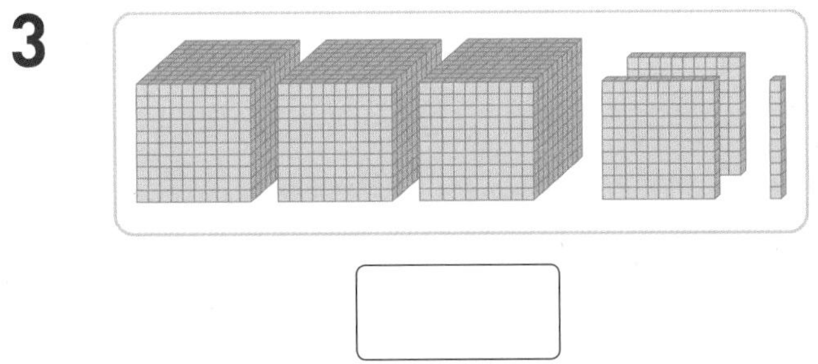

4
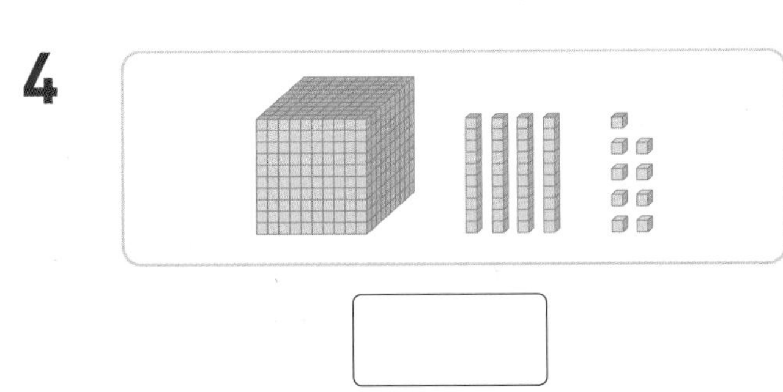

5
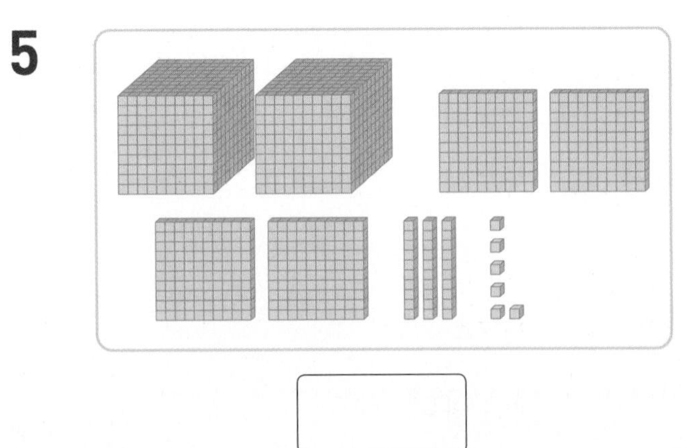

6
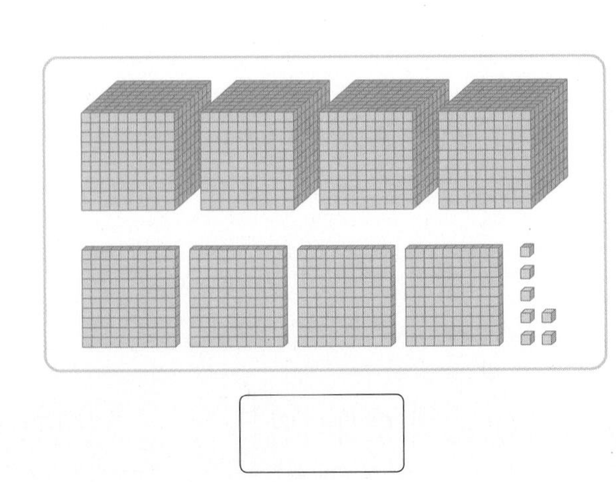

수를 읽으시오.

1 2438

( )

2 3724

( )

3 5947

( )

4 4856

( )

5 1725

( )

6 6409

( )

7 3861

( )

8 8529

( )

9 2930

( )

10 7024

( )

1단원 네 자리 수

□ 안에 알맞은 수를 써넣으시오.

1 3862는 ─ 1000이 □개, 100이 □개, 10이 □개, 1이 □개

2 5948은 ─ 1000이 □개, 100이 □개, 10이 □개, 1이 □개

3 9247은 ─ 1000이 □개, 100이 □개, 10이 □개, 1이 □개

4 7213은 ─ 1000이 □개, 100이 □개, 10이 □개, 1이 □개

5 8024는 ─ 1000이 □개, 100이 □개, 10이 □개, 1이 □개

6 6471은 ─ 1000이 □개, 100이 □개, 10이 □개, 1이 □개

□ 안에 알맞은 수를 써넣으시오.

1
1000이 5개
100이 9개
10이 2개
1이 4개
이면 □

2
1000이 2개
100이 3개
10이 8개
1이 7개
이면 □

3
1000이 6개
100이 9개
10이 2개
1이 4개
이면 □

4
1000이 3개
100이 5개
10이 1개
1이 6개
이면 □

5
1000이 7개
100이 6개
10이 3개
1이 1개
이면 □

6
1000이 8개
100이 0개
10이 4개
1이 3개
이면 □

7
1000이 4개
100이 5개
10이 0개
1이 6개
이면 □

8
1000이 9개
100이 4개
10이 3개
1이 8개
이면 □

4 각 자리의 숫자가 나타내는 값

천의 자리	백의 자리	십의 자리	일의 자리
3	5	2	7

⇩

3	0	0	0
	5	0	0
		2	0
			7

3527에서
3은 천의 자리 숫자이고, 3000을 나타냅니다.
5는 백의 자리 숫자이고, 500을 나타냅니다.
2는 십의 자리 숫자이고, 20을 나타냅니다.
7은 일의 자리 숫자이고, 7을 나타냅니다.

3527=3000+500+20+7

□ 안에 알맞은 수나 말을 써넣으시오.

1 6432에서

6은 □의 자리 숫자이고, □을 나타냅니다.

4는 □의 자리 숫자이고, □을 나타냅니다.

3은 □의 자리 숫자이고, □을 나타냅니다.

2는 □의 자리 숫자이고, □를 나타냅니다.

2 9287에서

9는 □의 자리 숫자이고, □을 나타냅니다.

2는 □의 자리 숫자이고, □을 나타냅니다.

8은 □의 자리 숫자이고, □을 나타냅니다.

7은 □의 자리 숫자이고, □을 나타냅니다.

보기 와 같이 ▢ 안에 알맞은 수를 써넣으시오.

보기

2865=2000+800+60+5

1 4629=4000+▢+▢+▢

2 5842=▢+800+▢+▢

3 3567=▢+▢+60+▢

4 6924=▢+▢+▢+▢

5 8092=▢+0+▢+▢

6 7213=▢+▢+▢+▢

7 9805=▢+▢+▢+▢

1 단원 네 자리 수

밑줄 친 숫자가 나타내는 값을 쓰시오.

1 $3\underline{8}24$ ⇨ ______________

2 $294\underline{1}$ ⇨ ______________

3 $\underline{1}736$ ⇨ ______________

4 $50\underline{3}8$ ⇨ ______________

5 $2\underline{9}38$ ⇨ ______________

6 $714\underline{5}$ ⇨ ______________

7 $32\underline{6}8$ ⇨ ______________

8 $\underline{4}206$ ⇨ ______________

9 $6\underline{2}45$ ⇨ ______________

10 $\underline{8}254$ ⇨ ______________

11 $362\underline{9}$ ⇨ ______________

12 $63\underline{7}5$ ⇨ ______________

밑줄 친 숫자가 나타내는 값이 가장 큰 수에 ○표, 가장 작은 수에 △표 하시오.

1

3492 4836 2943 9326

2

1953 2541 6725 5818

3

7629 3156 6329 7165

4

8362 1837 5789 5238

5

4128 1928 4721 9715

6

9542 4236 9460 8624

7

9437 2735 7832 6974

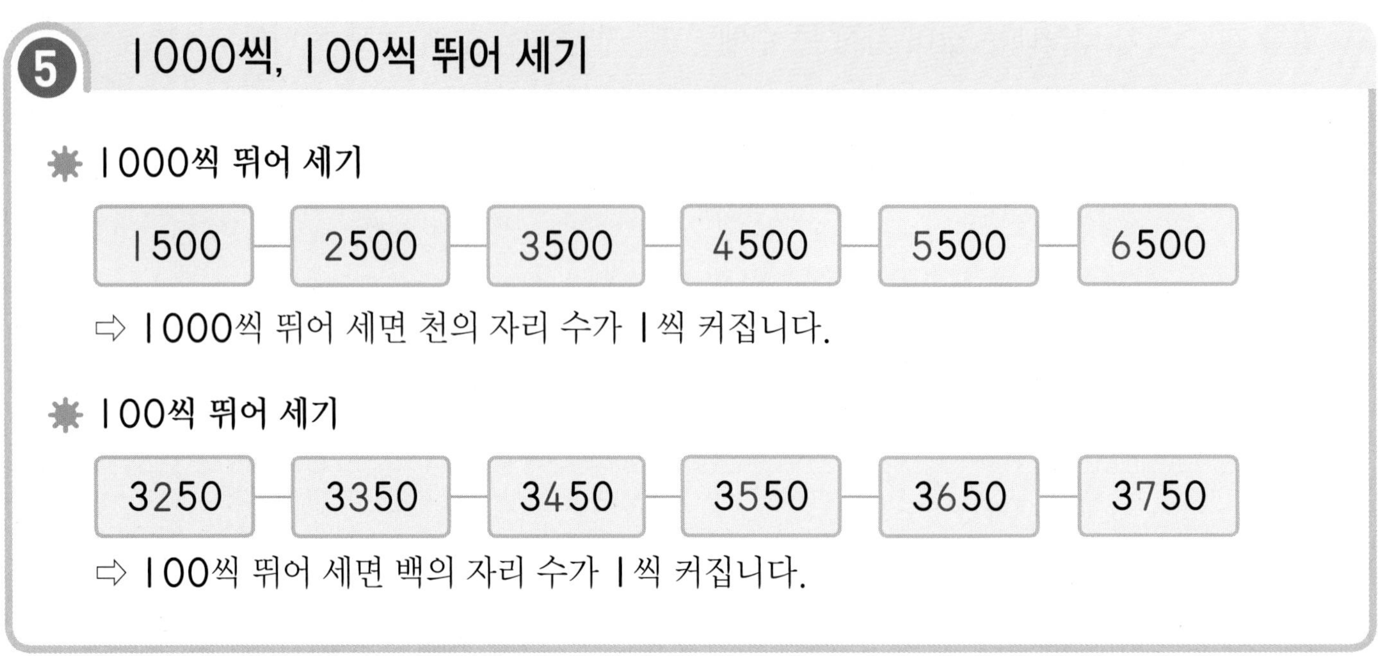

5 1000씩, 100씩 뛰어 세기

✱ 1000씩 뛰어 세기

1500 — 2500 — 3500 — 4500 — 5500 — 6500

⇨ 1000씩 뛰어 세면 천의 자리 수가 1씩 커집니다.

✱ 100씩 뛰어 세기

3250 — 3350 — 3450 — 3550 — 3650 — 3750

⇨ 100씩 뛰어 세면 백의 자리 수가 1씩 커집니다.

빈칸에 알맞은 수를 써넣으시오.

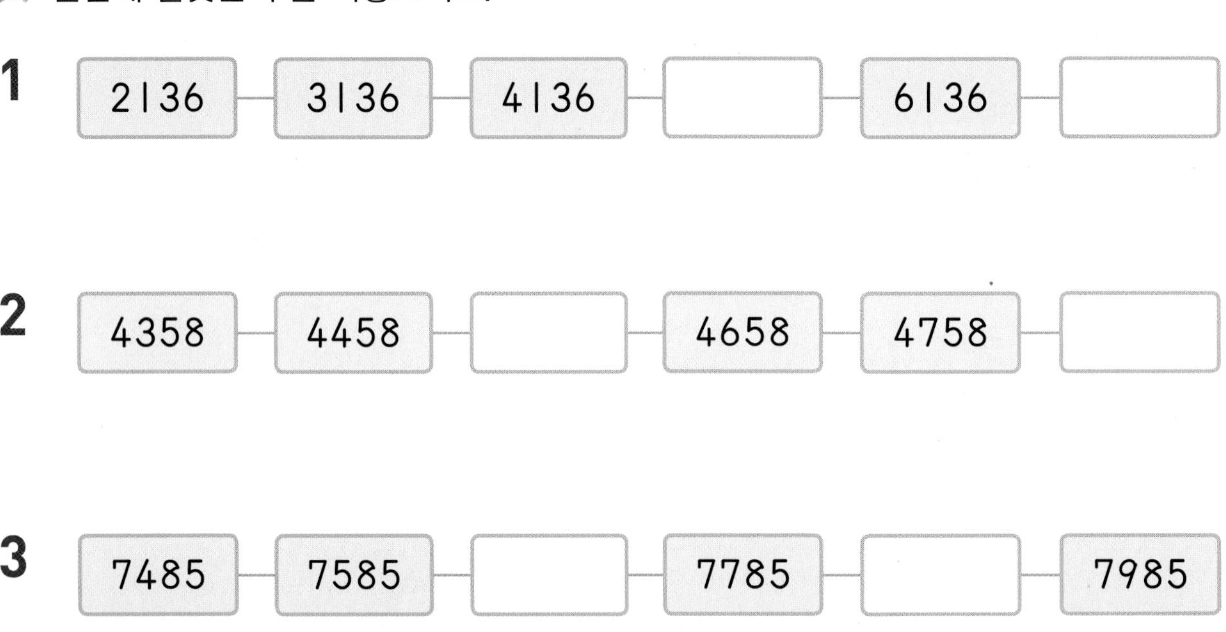

1 2136 — 3136 — 4136 — □ — 6136 — □

2 4358 — 4458 — □ — 4658 — 4758 — □

3 7485 — 7585 — □ — 7785 — □ — 7985

4 3904 — □ — 5904 — □ — 7904 — □

5 2680 — □ — □ — 2980 — □ — 3180

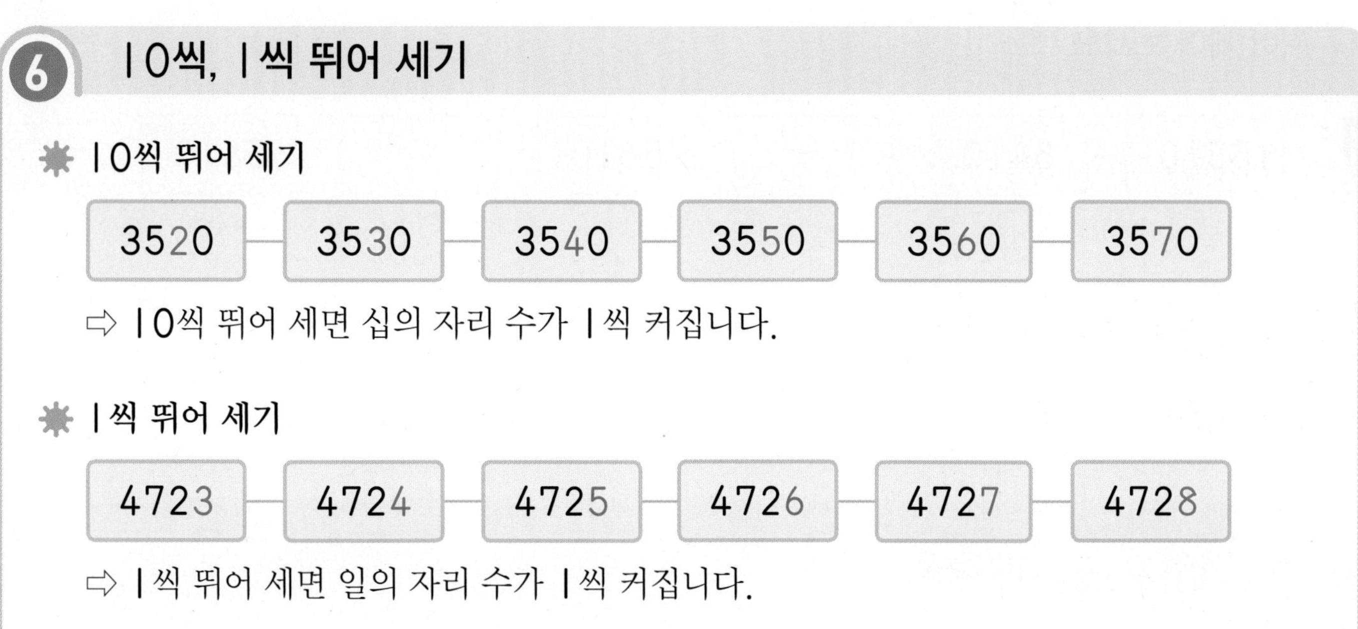

6 10씩, 1씩 뛰어 세기

✸ 10씩 뛰어 세기

3520 — 3530 — 3540 — 3550 — 3560 — 3570

⇨ 10씩 뛰어 세면 십의 자리 수가 1씩 커집니다.

✸ 1씩 뛰어 세기

4723 — 4724 — 4725 — 4726 — 4727 — 4728

⇨ 1씩 뛰어 세면 일의 자리 수가 1씩 커집니다.

빈칸에 알맞은 수를 써넣으시오.

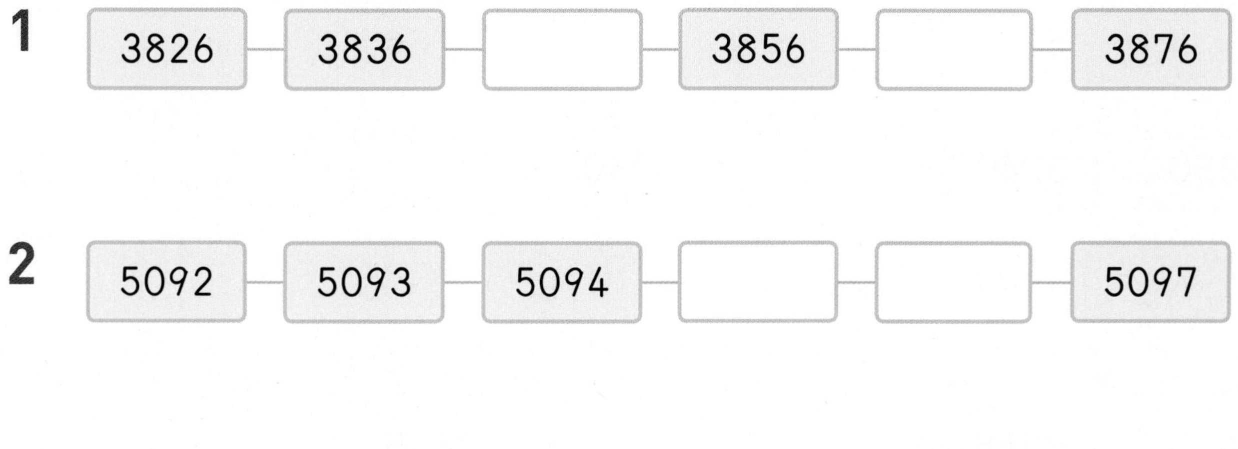

1 3826 — 3836 — □ — 3856 — □ — 3876

2 5092 — 5093 — 5094 — □ — □ — 5097

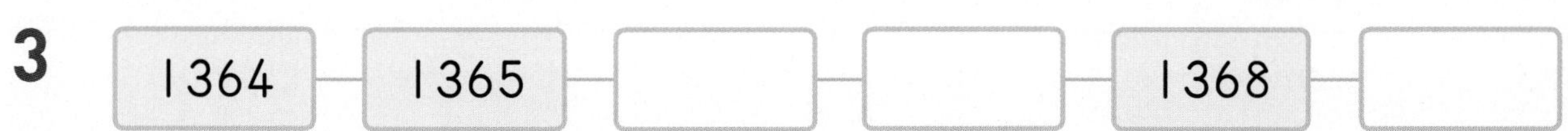

3 1364 — 1365 — □ — □ — 1368 — □

4 6732 — 6742 — □ — 6762 — □ — □

5 2468 — □ — 2470 — 2471 — □ — □

뛰어 세어 보시오.

1

2

2584	2585	2586		2588	

3

2908	3908		5908		

4

3230	3240		3260		

5

9455	9555			9855	

6

6152		6172		6192	

7

7036		7038			7041

거꾸로 뛰어 세어 보시오.

1

2

3

4

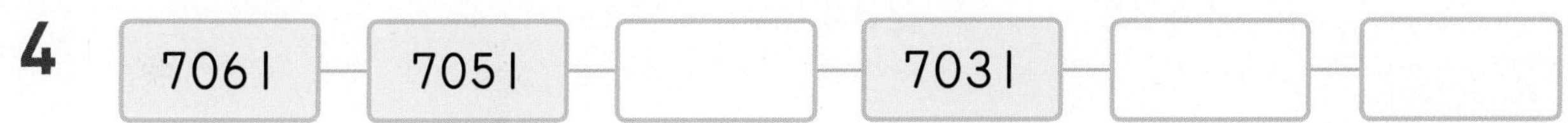

5

6

7

7 두 수의 크기 비교

천의 자리 수부터 차례로 비교합니다.

4503 > 3812 (천의 자리 수 비교)

3521 < 3819 (백의 자리 수 비교)

1247 < 1253 (십의 자리 수 비교)

7659 > 7654 (일의 자리 수 비교)

수 모형을 보고 두 수의 크기를 비교하여 ○ 안에 > 또는 <를 알맞게 써넣으시오.

1

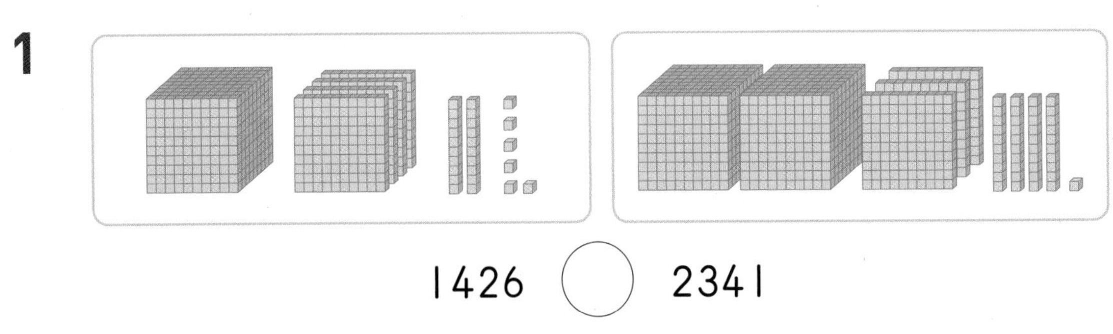

1426 ○ 2341

2

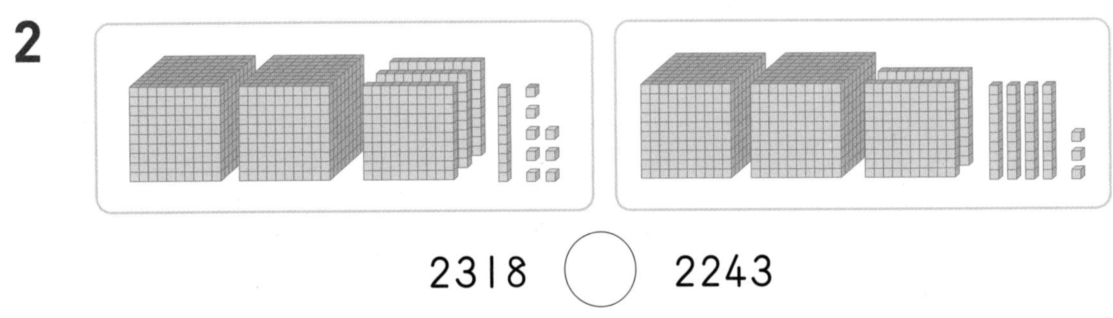

2318 ○ 2243

3

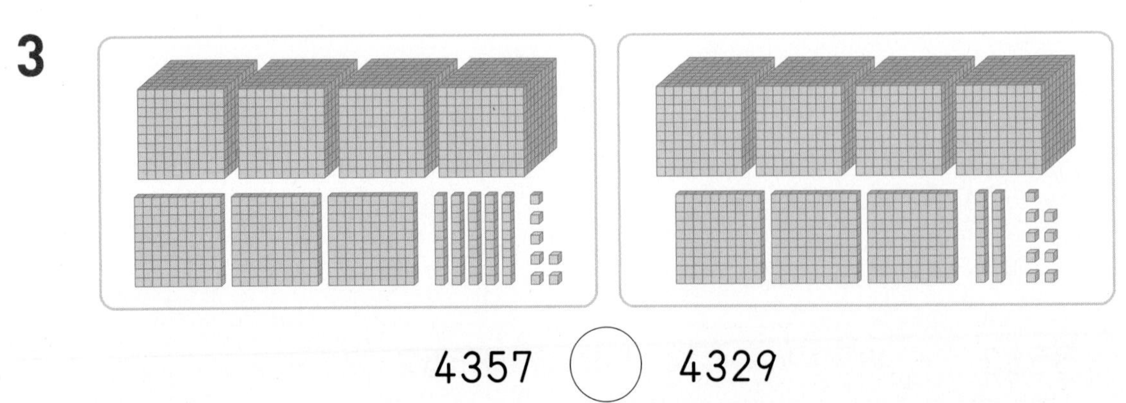

4357 ○ 4329

수 모형을 보고 □ 안에 알맞은 수를 써넣으시오.

1
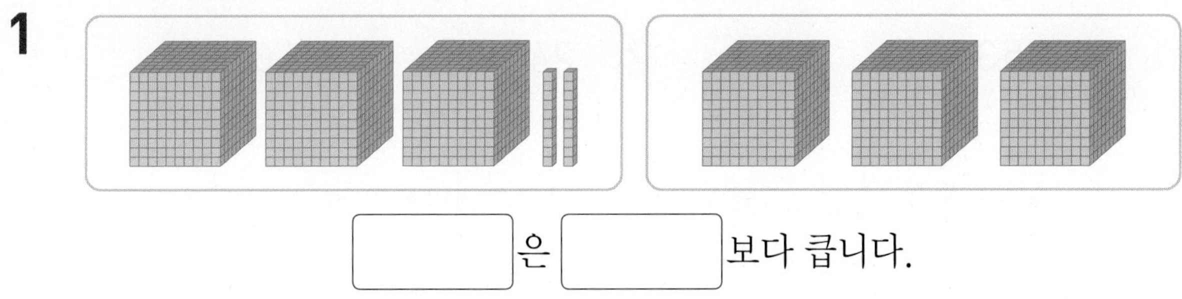

□은 □보다 큽니다.

2
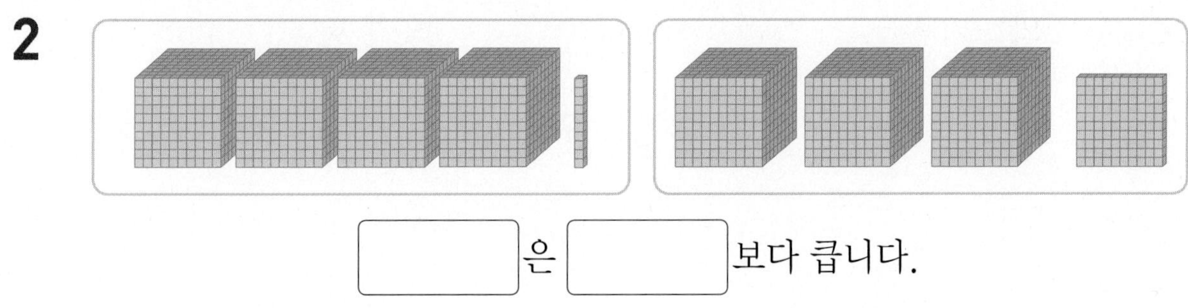

□은 □보다 큽니다.

3
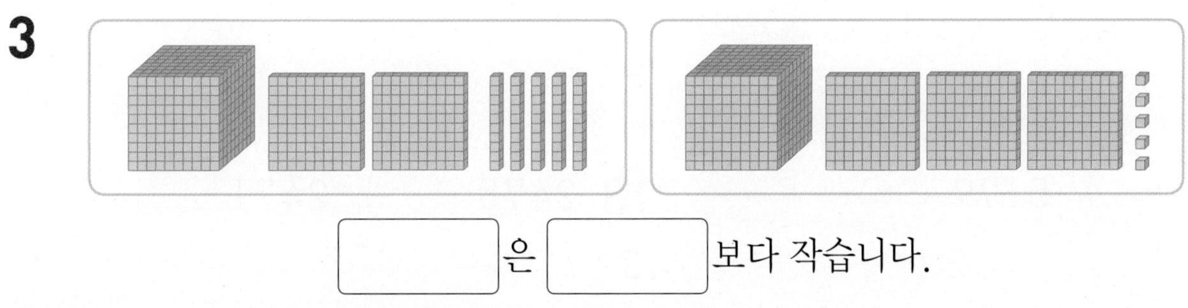

□은 □보다 작습니다.

4
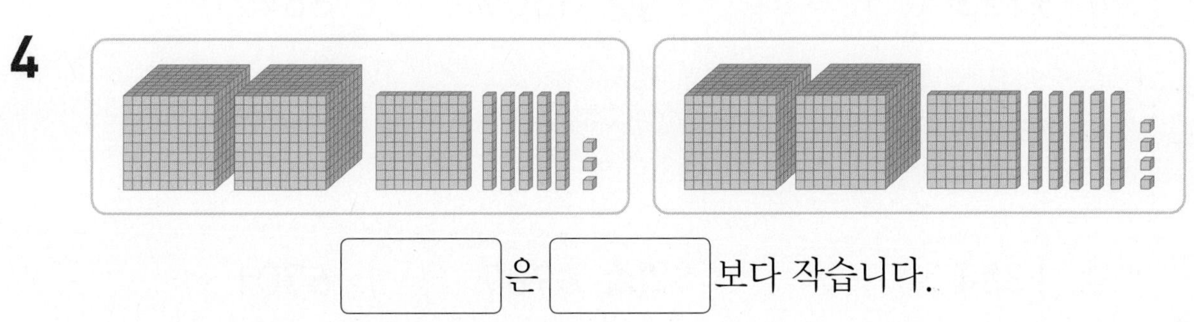

□은 □보다 작습니다.

두 수의 크기를 비교하여 ○ 안에 > 또는 <를 알맞게 써넣으시오.

1 4319 ○ 2537

2 2438 ○ 2461

3 8057 ○ 8218

4 6237 ○ 7530

5 1436 ○ 1437

6 9514 ○ 9423

7 7832 ○ 7659

8 5434 ○ 5436

9 5138 ○ 5179

10 2478 ○ 2471

11 8457 ○ 9123

12 3609 ○ 3642

13 1382 ○ 1384

14 6987 ○ 6701

가장 큰 수에 ○표 하시오.

1 | 6451 | 5923 | 2477 |

2 | 1538 | 1576 | 1395 |

3 | 2519 | 2748 | 2746 |

4 | 4732 | 4592 | 3848 |

5 | 7452 | 7093 | 7623 |

6 | 6703 | 6708 | 6692 |

7 | 8829 | 8710 | 7238 |

8 | 3923 | 3960 | 4187 |

9 | 5911 | 5913 | 5836 |

10 | 7014 | 6048 | 7036 |

11 | 8754 | 8750 | 9231 |

12 | 4260 | 5190 | 5173 |

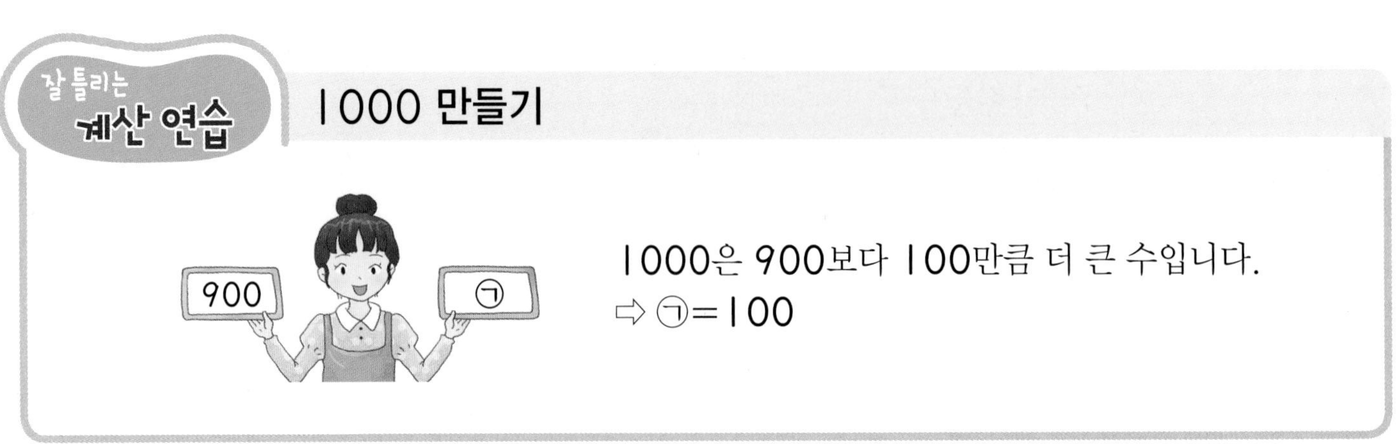

잘 틀리는 계산 연습
1000 만들기
900
㉠
1000은 900보다 100만큼 더 큰 수입니다.
⇨ ㉠=100

1000이 되도록 빈칸에 알맞은 수를 써넣으시오.

1 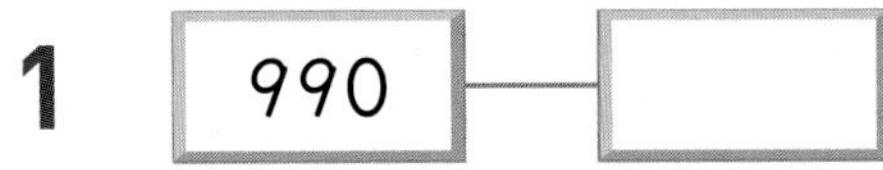

2 

3 | 800 | — | ☐ |

4 

5 | ☐ | — | 500 |

6 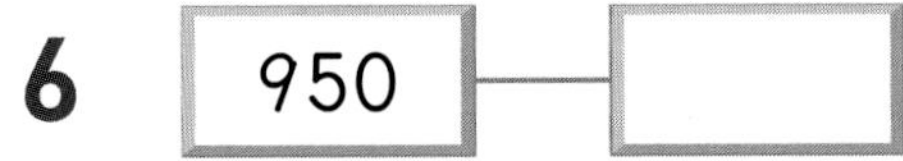

7 | 992 | — | ☐ |

8 

9 

10 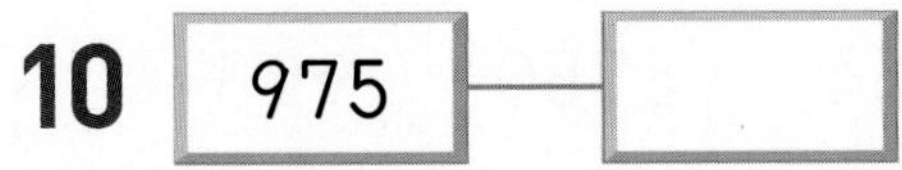

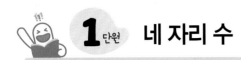

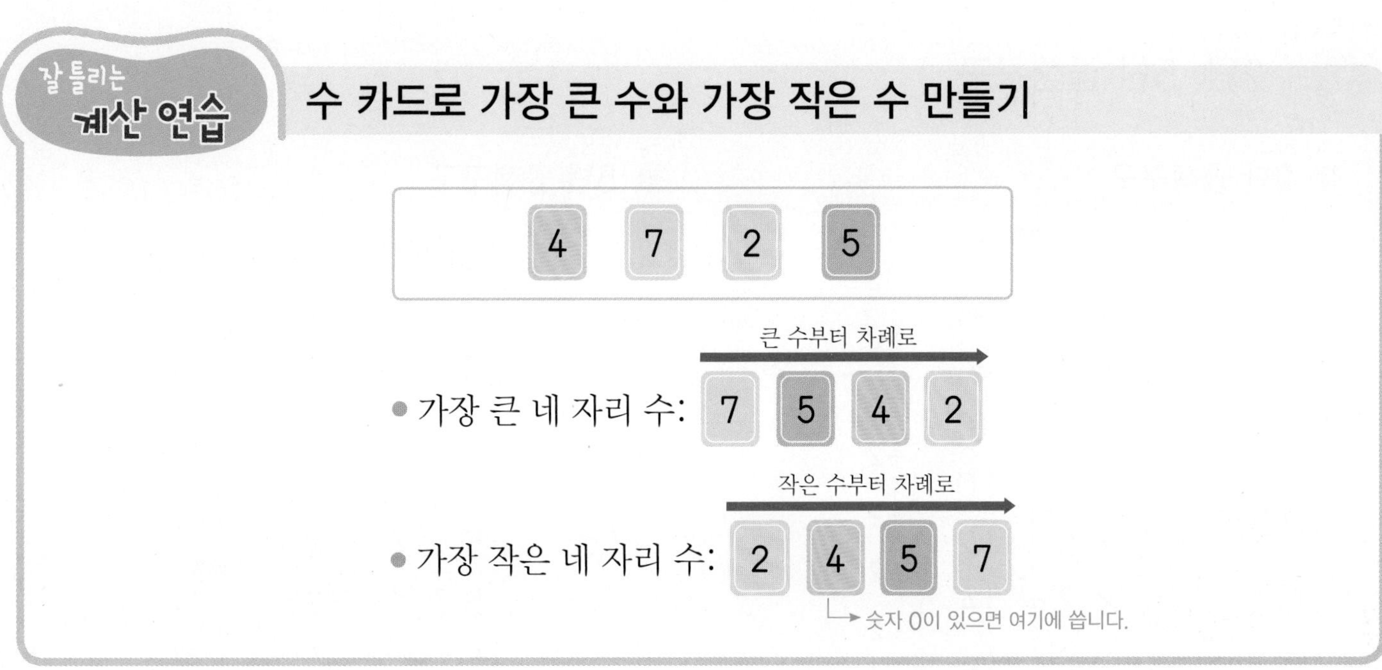

잘 틀리는 계산 연습
수 카드로 가장 큰 수와 가장 작은 수 만들기
4 7 2 5
큰 수부터 차례로
가장 큰 네 자리 수: 7 5 4 2
작은 수부터 차례로
가장 작은 네 자리 수: 2 4 5 7
숫자 0이 있으면 여기에 씁니다.

수 카드 4장을 한 번씩만 사용하여 가장 큰 네 자리 수와 가장 작은 네 자리 수를 각각 만드시오.

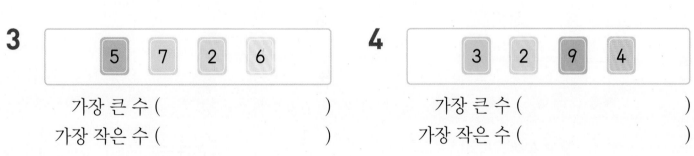

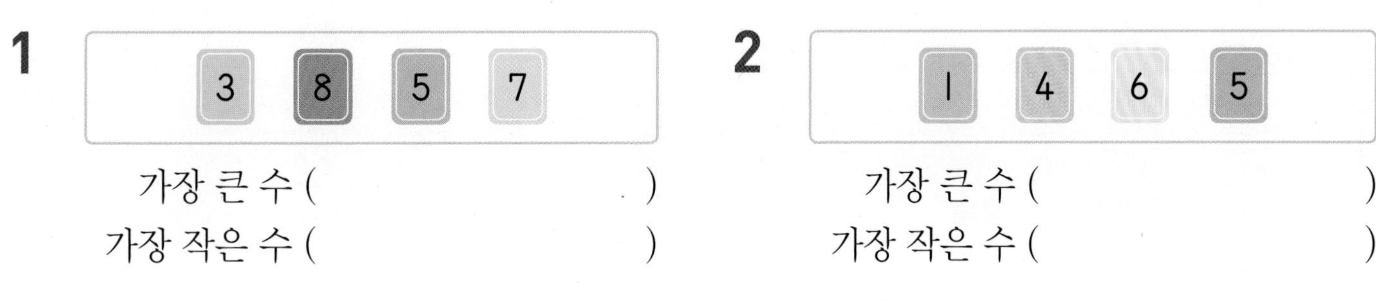

가장 큰 수 (　　　　)
가장 작은 수 (　　　　)

가장 큰 수 (　　　　)
가장 작은 수 (　　　　)

3 5 7 2 6

가장 큰 수 (　　　　)
가장 작은 수 (　　　　)

4 3 2 9 4

가장 큰 수 (　　　　)
가장 작은 수 (　　　　)

5 0 5 1 3

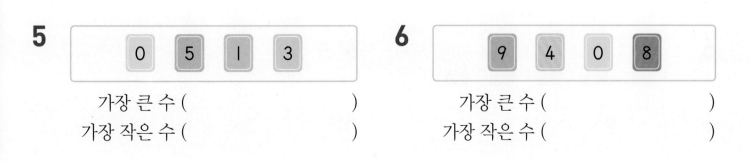

가장 큰 수 (　　　　)
가장 작은 수 (　　　　)

6 9 4 0 8

가장 큰 수 (　　　　)
가장 작은 수 (　　　　)

2단원 곱셈구구

1 2단, 5단 곱셈구구

2단 곱셈구구

$2 \times 1 = 2$
$2 \times 2 = 4$
$2 \times 3 = 6$
$2 \times 4 = 8$
$2 \times 5 = 10$
$2 \times 6 = 12$
$2 \times 7 = 14$
$2 \times 8 = 16$
$2 \times 9 = 18$

(각 단계마다 +2)

5단 곱셈구구

$5 \times 1 = 5$
$5 \times 2 = 10$
$5 \times 3 = 15$
$5 \times 4 = 20$
$5 \times 5 = 25$
$5 \times 6 = 30$
$5 \times 7 = 35$
$5 \times 8 = 40$
$5 \times 9 = 45$

(각 단계마다 +5)

그림을 보고 □ 안에 알맞은 수를 써넣으시오.

1

$2 \times 2 =$ □

2

$5 \times 3 =$ □

3

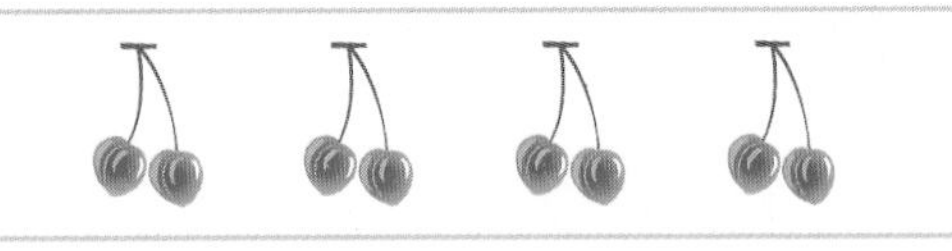

$2 \times 4 =$ □

4

$5 \times 4 =$ □

5

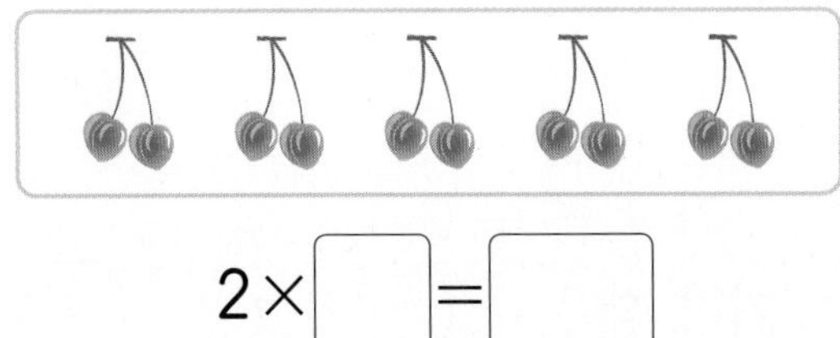

$2 \times$ □ $=$ □

6

$5 \times$ □ $=$ □

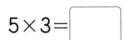

□ 안에 알맞은 수를 써넣으시오.

1 $2\times3=\square$

2 $5\times1=\square$

3 $2\times7=\square$

4 $5\times6=\square$

5 $2\times1=\square$

6 $5\times7=\square$

7 $2\times5=\square$

8 $5\times8=\square$

9 $2\times6=\square$

10 $5\times5=\square$

11 $2\times8=\square$

12 $5\times2=\square$

13 $2\times9=\square$

14 $5\times9=\square$

빈칸에 알맞은 수를 써넣으시오.

1
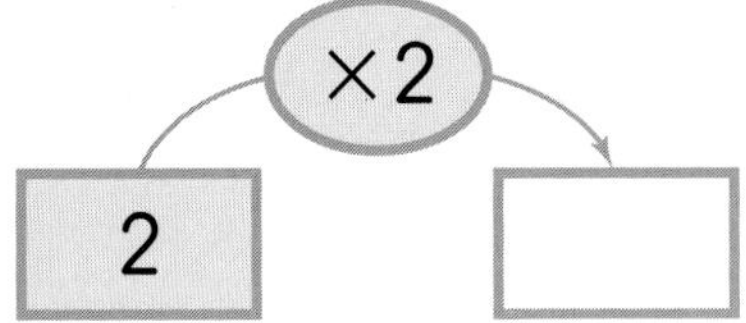

2
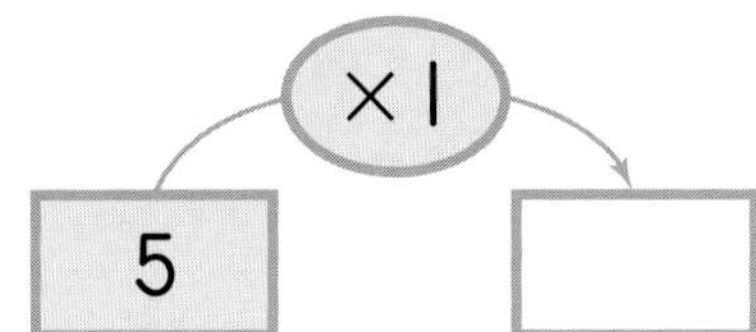

3
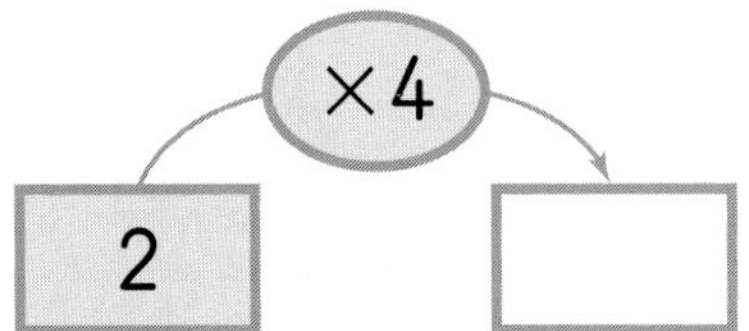

4
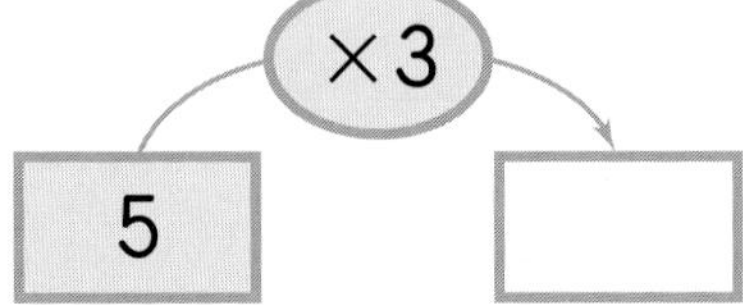

5
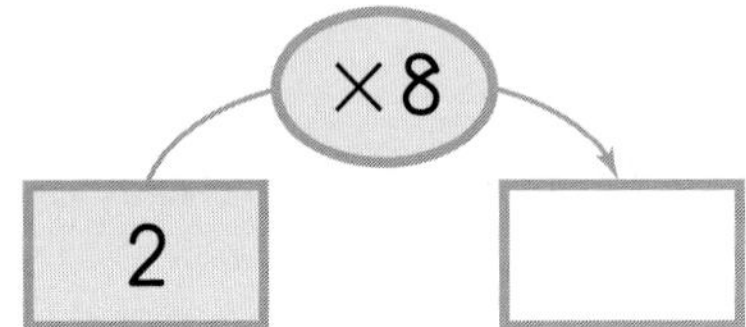

6
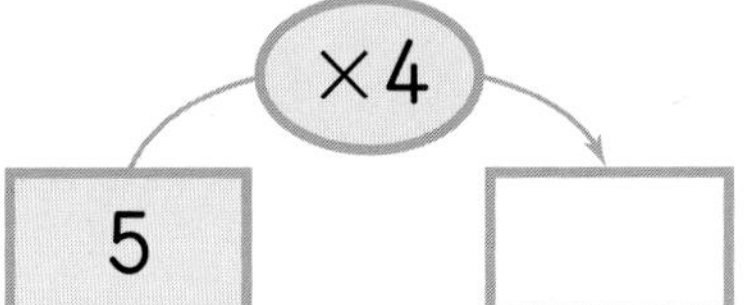

7
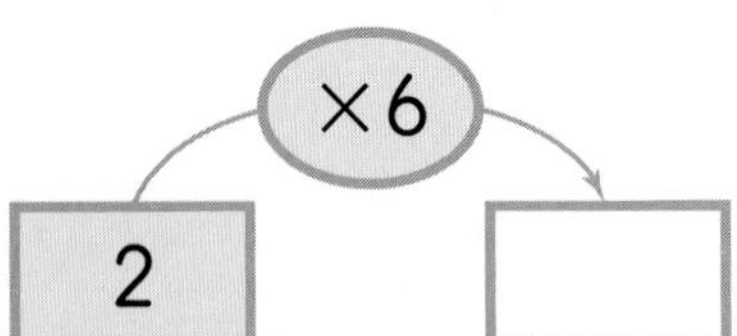

8
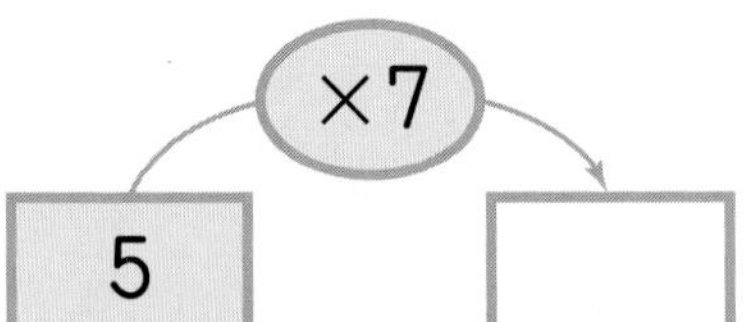

9
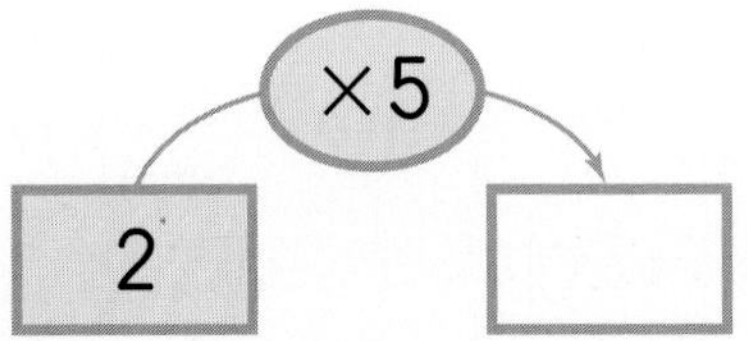

10
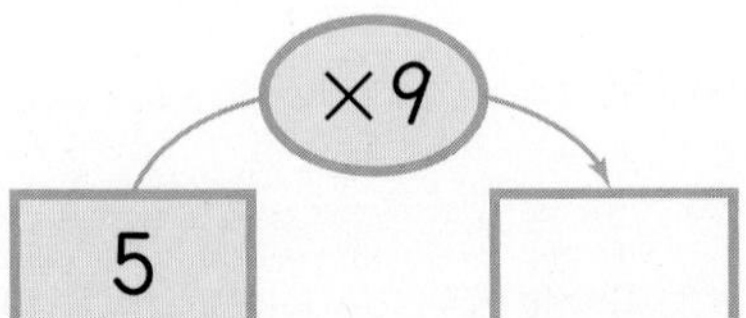

□ 안에 알맞은 수를 써넣으시오.

1 $2\times\square=6$

2 $5\times\square=25$

3 $2\times\square=10$

4 $5\times\square=10$

5 $2\times\square=8$

6 $5\times\square=15$

7 $2\times\square=12$

8 $5\times\square=45$

9 $2\times\square=16$

10 $5\times\square=35$

11 $2\times\square=14$

12 $5\times\square=30$

13 $2\times\square=18$

14 $5\times\square=40$

2 3단, 6단 곱셈구구

3단 곱셈구구

$3 \times 1 = 3$
$3 \times 2 = 6$
$3 \times 3 = 9$
$3 \times 4 = 12$
$3 \times 5 = 15$
$3 \times 6 = 18$
$3 \times 7 = 21$
$3 \times 8 = 24$
$3 \times 9 = 27$

(+3씩 커짐: +3, +3, +3, +3, +3, +3, +3, +3)

6단 곱셈구구

$6 \times 1 = 6$
$6 \times 2 = 12$
$6 \times 3 = 18$
$6 \times 4 = 24$
$6 \times 5 = 30$
$6 \times 6 = 36$
$6 \times 7 = 42$
$6 \times 8 = 48$
$6 \times 9 = 54$

(+6씩 커짐: +6, +6, +6, +6, +6, +6, +6, +6)

그림을 보고 □ 안에 알맞은 수를 써넣으시오.

1

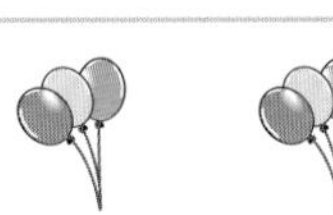

$3 \times 2 = \square$

2

$6 \times 3 = \square$

3

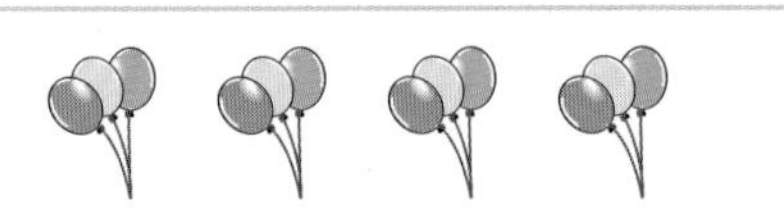

$3 \times 4 = \square$

4

$6 \times 5 = \square$

5

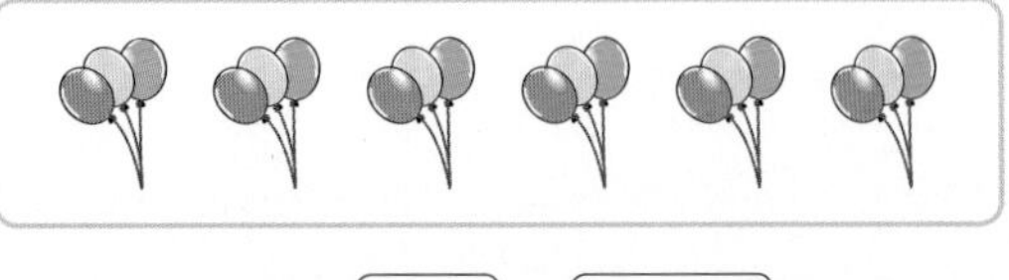

$3 \times \square = \square$

6

$6 \times \square = \square$

□ 안에 알맞은 수를 써넣으시오.

1 $3\times5=\square$

2 $6\times1=\square$

3 $3\times6=\square$

4 $6\times6=\square$

5 $3\times8=\square$

6 $6\times8=\square$

7 $3\times1=\square$

8 $6\times7=\square$

9 $3\times3=\square$

10 $6\times9=\square$

11 $3\times7=\square$

12 $6\times2=\square$

13 $3\times9=\square$

14 $6\times4=\square$

빈칸에 알맞은 수를 써넣으시오.

1
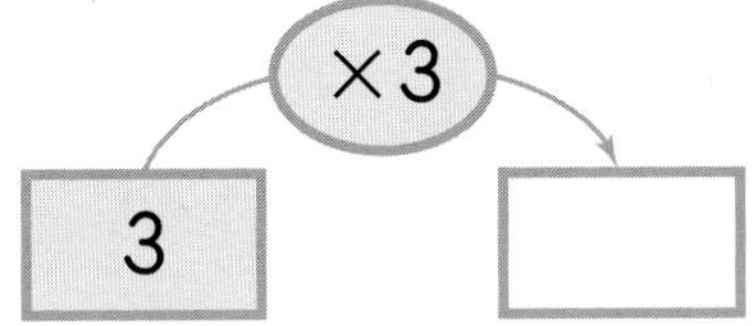

2
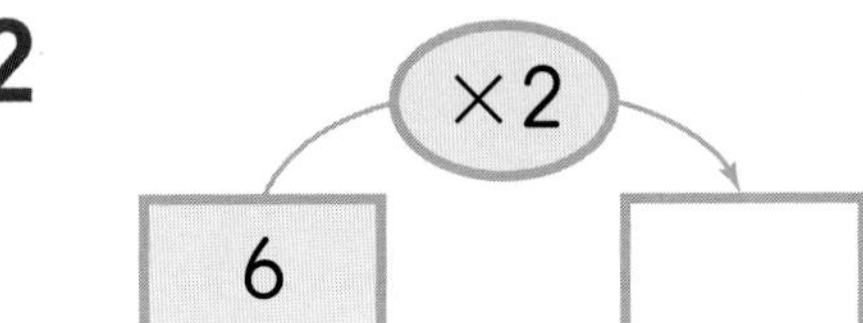

3
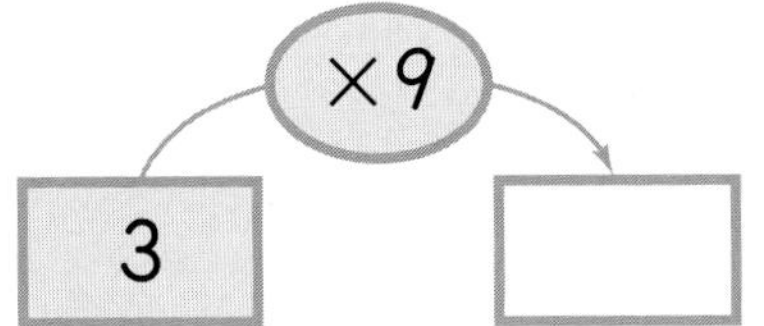

4
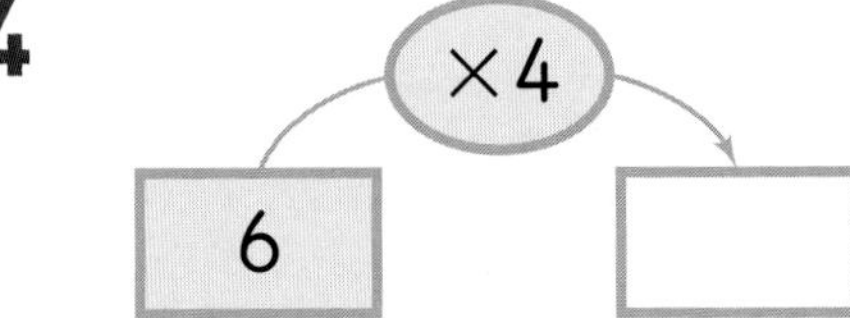

5
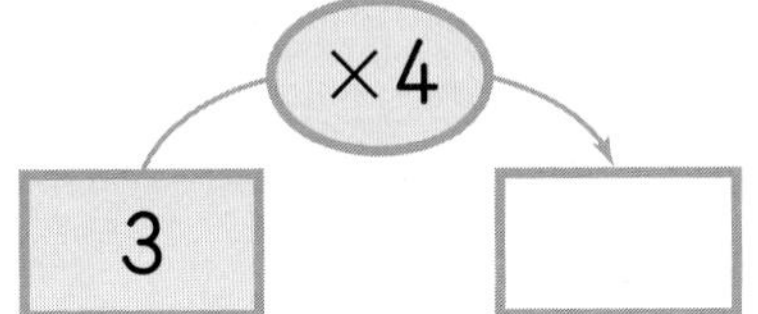

6
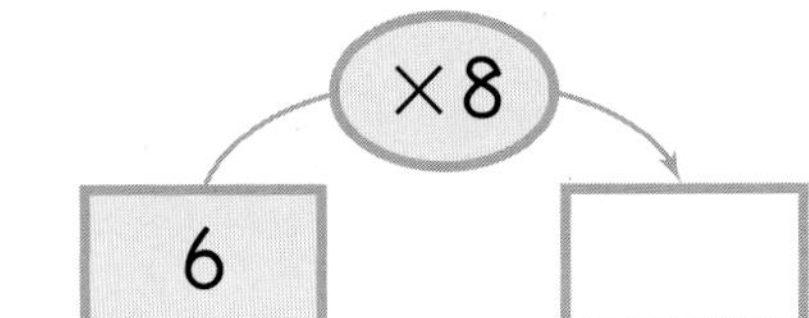

7
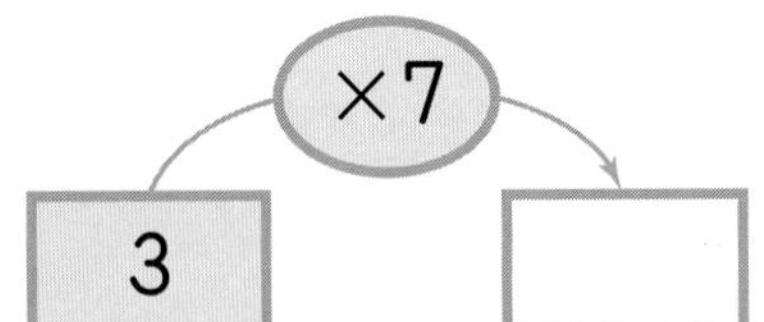

8
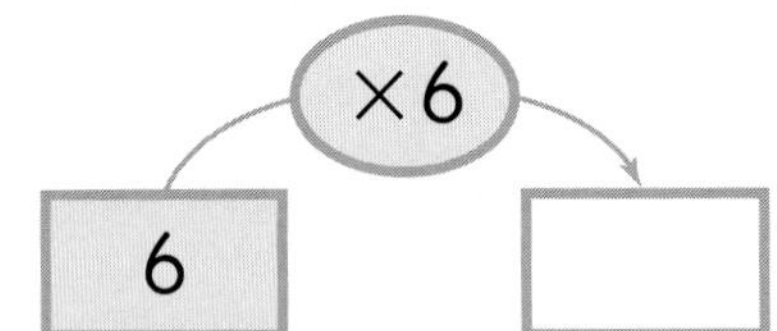

9
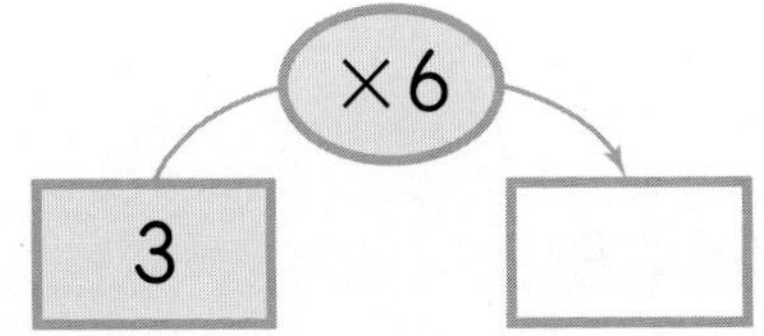

10
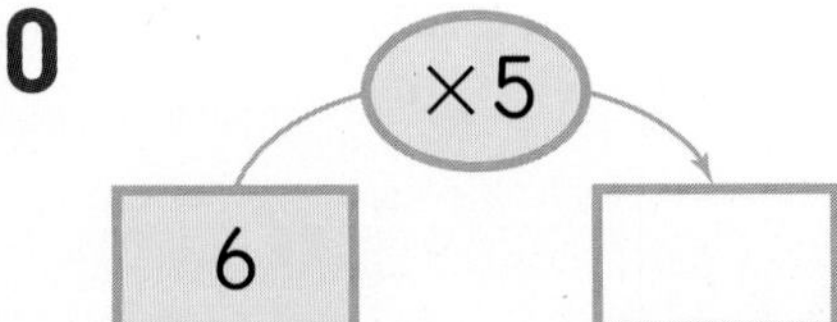

□ 안에 알맞은 수를 써넣으시오.

1 $3\times\square=6$

2 $6\times\square=18$

3 $3\times\square=15$

4 $6\times\square=24$

5 $3\times\square=18$

6 $6\times\square=36$

7 $3\times\square=12$

8 $6\times\square=54$

9 $3\times\square=27$

10 $6\times\square=42$

11 $3\times\square=24$

12 $6\times\square=30$

13 $3\times\square=21$

14 $6\times\square=48$

3 4단, 8단 곱셈구구

✹ 4단 곱셈구구

$4 \times 1 = 4$
$4 \times 2 = 8$
$4 \times 3 = 12$
$4 \times 4 = 16$
$4 \times 5 = 20$
$4 \times 6 = 24$
$4 \times 7 = 28$
$4 \times 8 = 32$
$4 \times 9 = 36$

(+4씩)

✹ 8단 곱셈구구

$8 \times 1 = 8$
$8 \times 2 = 16$
$8 \times 3 = 24$
$8 \times 4 = 32$
$8 \times 5 = 40$
$8 \times 6 = 48$
$8 \times 7 = 56$
$8 \times 8 = 64$
$8 \times 9 = 72$

(+8씩)

그림을 보고 □ 안에 알맞은 수를 써넣으시오.

1

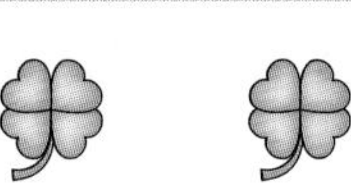

$4 \times 2 = \square$

2

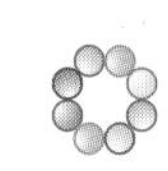 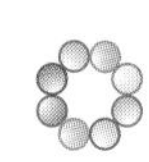 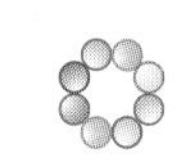

$8 \times 3 = \square$

3

$4 \times 5 = \square$

4

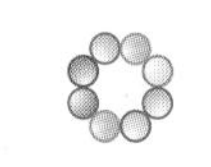 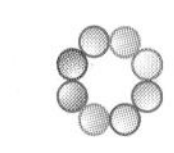 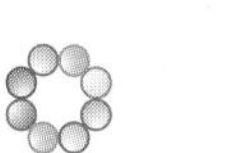

$8 \times 4 = \square$

5

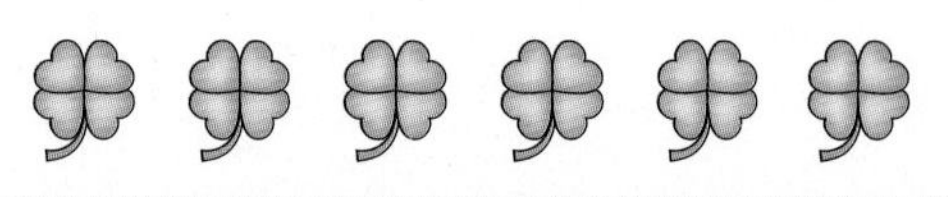

$4 \times \square = \square$

6

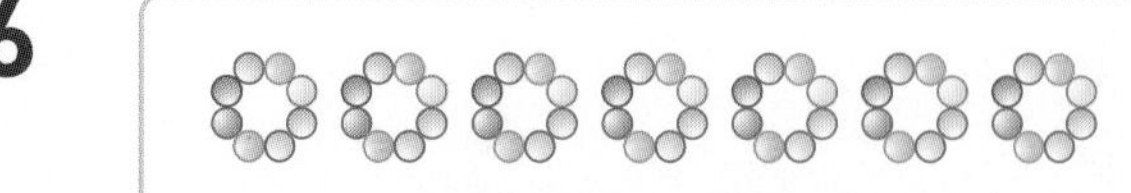

$8 \times \square = \square$

□ 안에 알맞은 수를 써넣으시오.

1 $4\times3=\square$

2 $8\times6=\square$

3 $4\times6=\square$

4 $8\times1=\square$

5 $4\times8=\square$

6 $8\times8=\square$

7 $4\times7=\square$

8 $8\times9=\square$

9 $4\times4=\square$

10 $8\times5=\square$

11 $4\times1=\square$

12 $8\times2=\square$

13 $4\times9=\square$

14 $8\times7=\square$

빈칸에 알맞은 수를 써넣으시오.

1

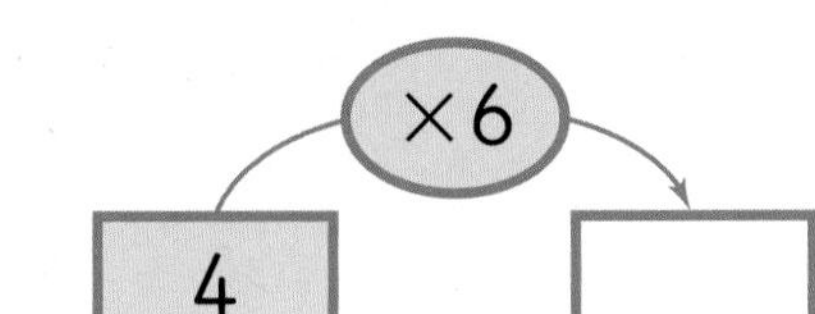

2

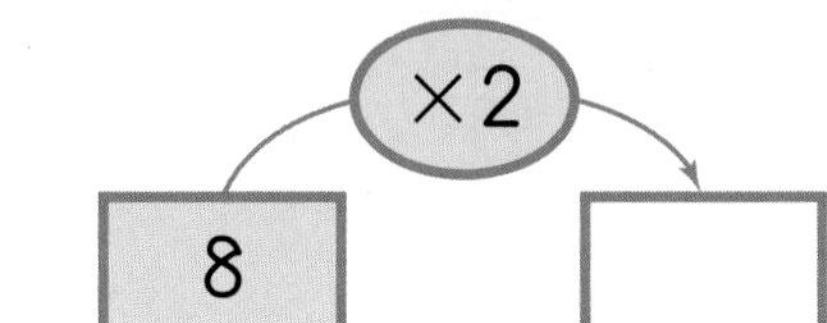

3

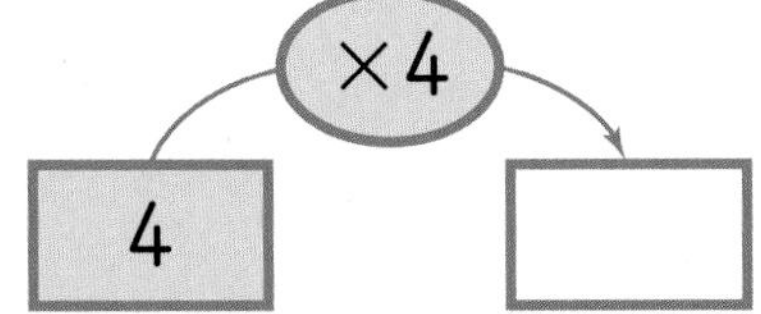

4

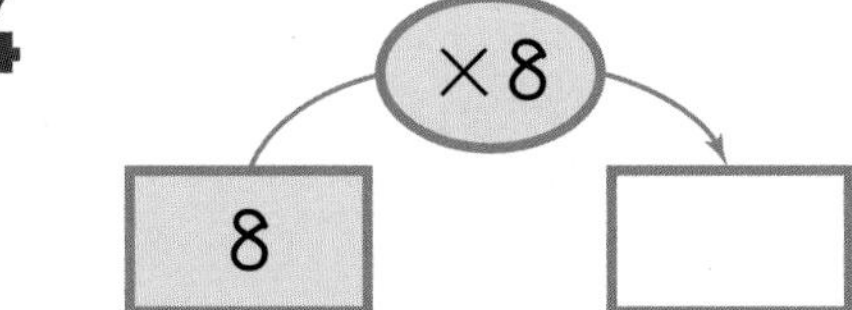

5

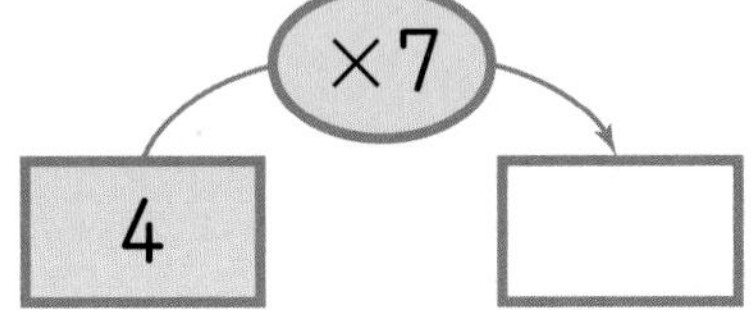

6

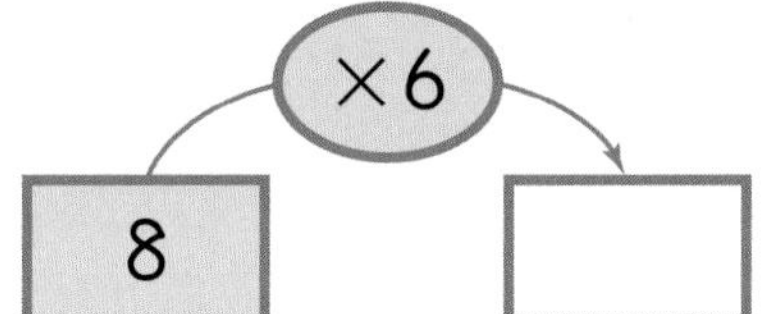

7

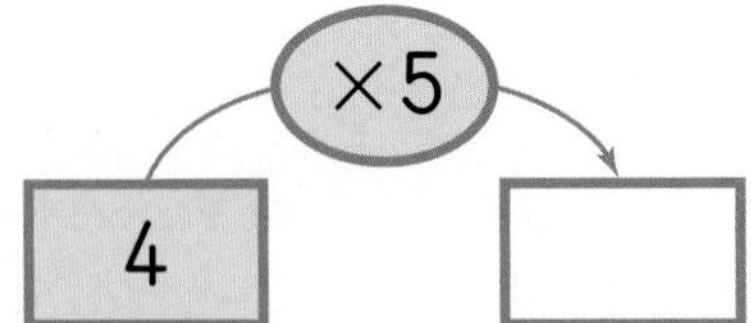

8

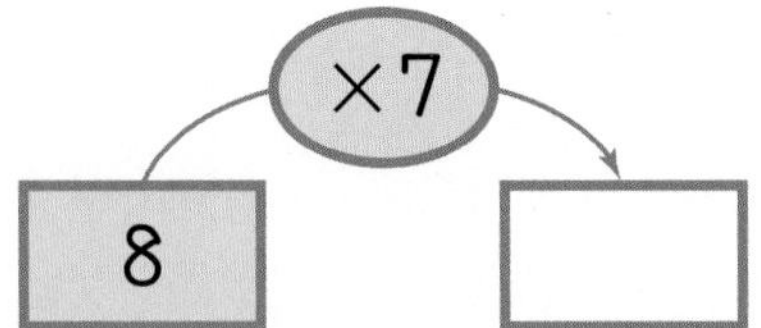

9

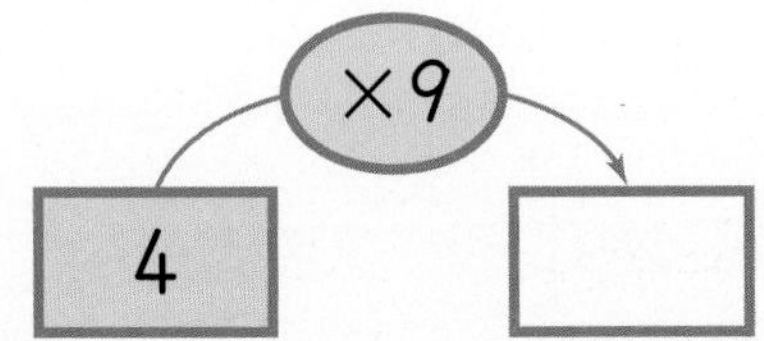

10

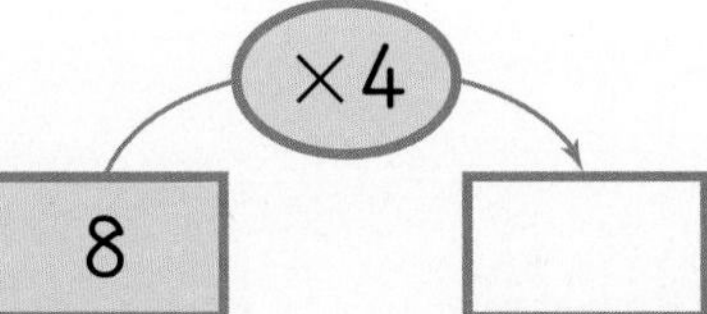

□ 안에 알맞은 수를 써넣으시오.

1 $4\times\square=20$

2 $8\times\square=32$

3 $4\times\square=12$

4 $8\times\square=16$

5 $4\times\square=16$

6 $8\times\square=48$

7 $4\times\square=8$

8 $8\times\square=24$

9 $4\times\square=28$

10 $8\times\square=40$

11 $4\times\square=32$

12 $8\times\square=56$

13 $4\times\square=24$

14 $8\times\square=72$

4 7단, 9단 곱셈구구

7단 곱셈구구

$7 \times 1 = 7$
$7 \times 2 = 14$
$7 \times 3 = 21$
$7 \times 4 = 28$
$7 \times 5 = 35$
$7 \times 6 = 42$
$7 \times 7 = 49$
$7 \times 8 = 56$
$7 \times 9 = 63$

(각 단계마다 +7)

9단 곱셈구구

$9 \times 1 = 9$
$9 \times 2 = 18$
$9 \times 3 = 27$
$9 \times 4 = 36$
$9 \times 5 = 45$
$9 \times 6 = 54$
$9 \times 7 = 63$
$9 \times 8 = 72$
$9 \times 9 = 81$

(각 단계마다 +9)

그림을 보고 ☐ 안에 알맞은 수를 써넣으시오.

1

 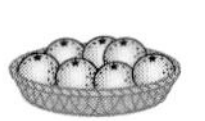 

7×3=☐

2

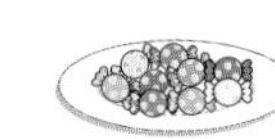 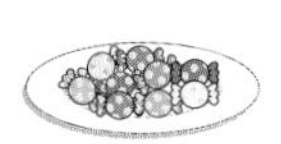

9×2=☐

3

7×5=☐

4

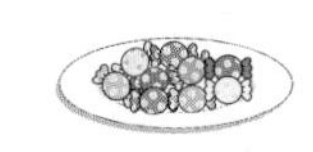 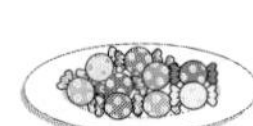 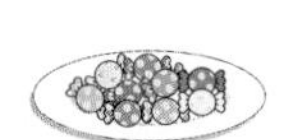

9×3=☐

5

7×☐=☐

6

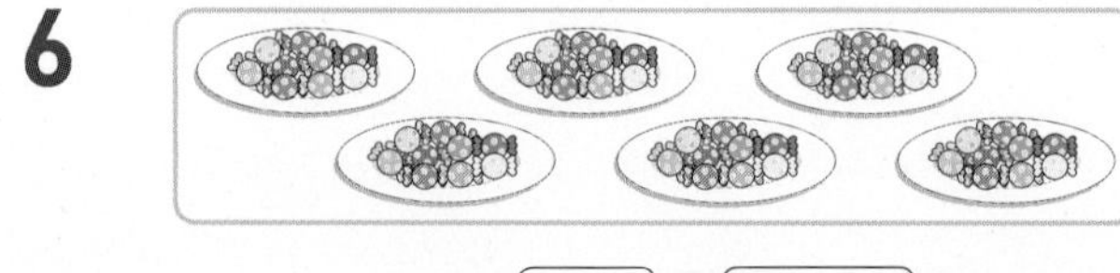

9×☐=☐

□ 안에 알맞은 수를 써넣으시오.

1 $7\times1=\square$

2 $9\times5=\square$

3 $7\times4=\square$

4 $9\times1=\square$

5 $7\times7=\square$

6 $9\times4=\square$

7 $7\times6=\square$

8 $9\times9=\square$

9 $7\times2=\square$

10 $9\times7=\square$

11 $7\times8=\square$

12 $9\times8=\square$

13 $7\times9=\square$

14 $9\times6=\square$

빈칸에 알맞은 수를 써넣으시오.

1

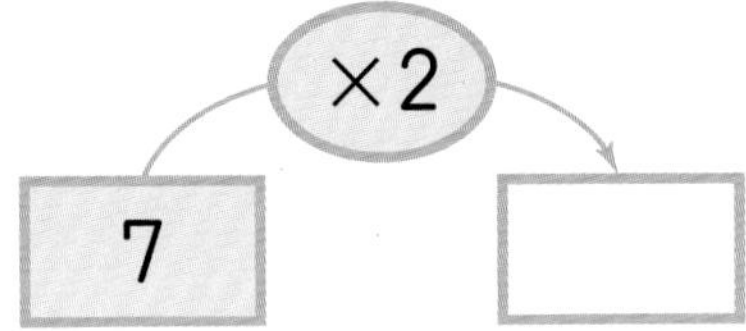

2

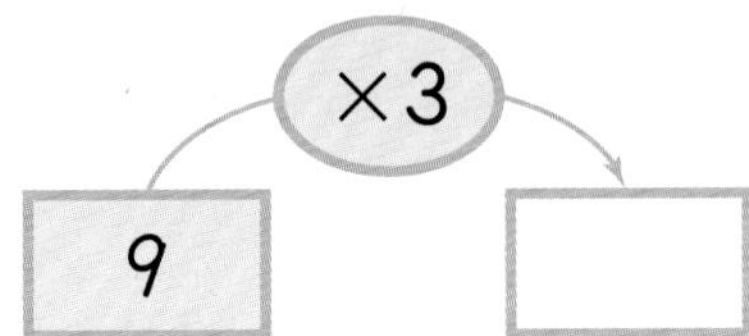

3

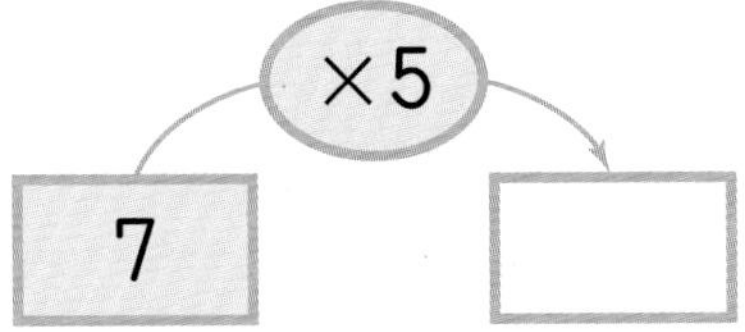

4

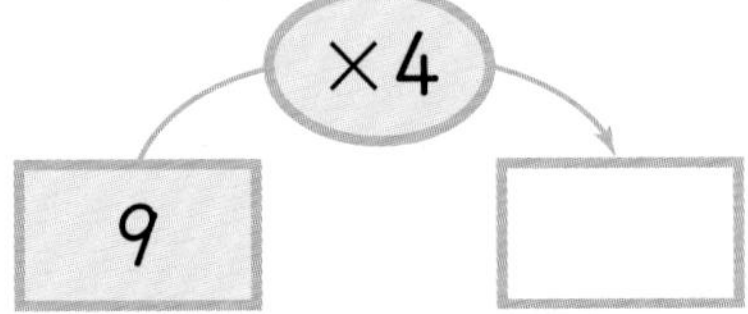

5

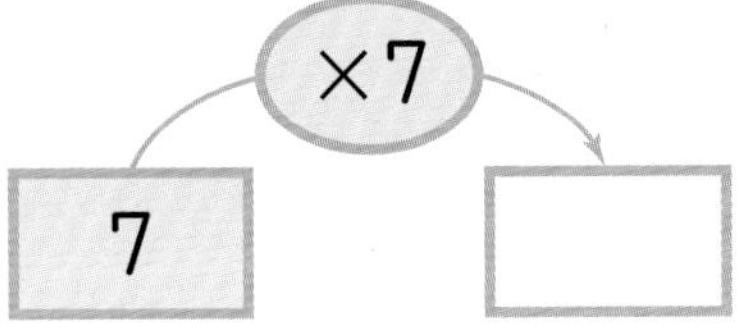

6

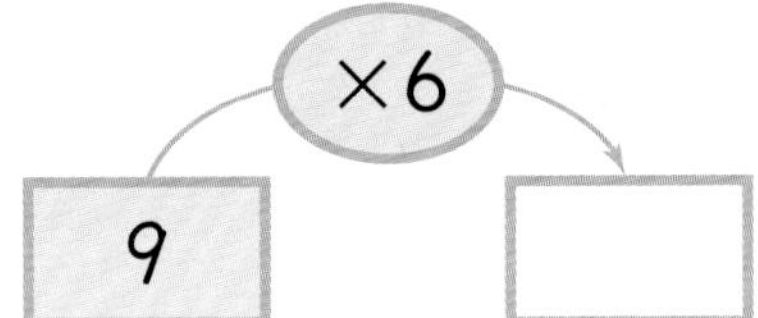

7

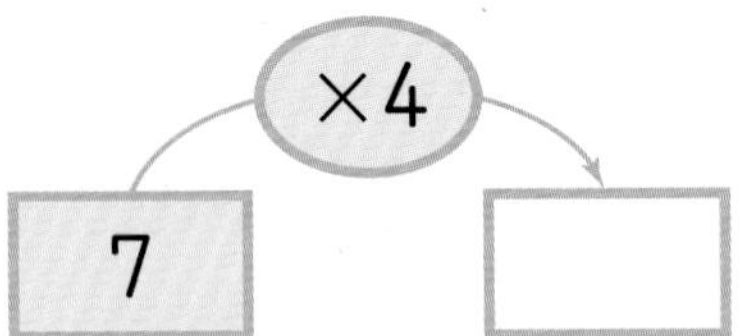

8

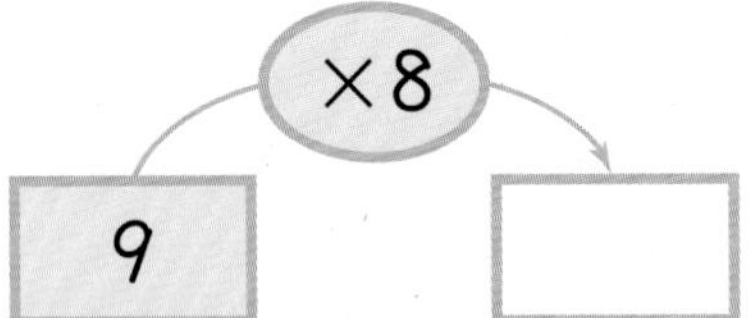

9

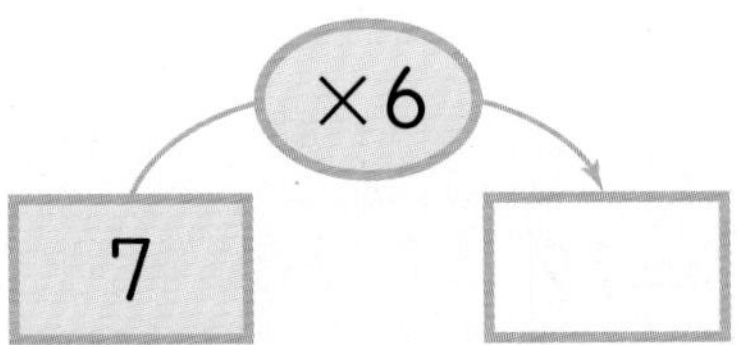

10

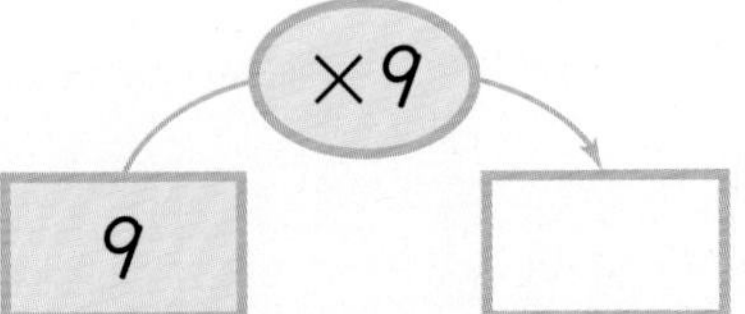

□ 안에 알맞은 수를 써넣으시오.

1 $7 \times \square = 14$

2 $9 \times \square = 54$

3 $7 \times \square = 28$

4 $9 \times \square = 27$

5 $7 \times \square = 21$

6 $9 \times \square = 63$

7 $7 \times \square = 42$

8 $9 \times \square = 18$

9 $7 \times \square = 35$

10 $9 \times \square = 45$

11 $7 \times \square = 56$

12 $9 \times \square = 81$

13 $7 \times \square = 63$

14 $9 \times \square = 72$

2단원 곱셈구구

5 1단 곱셈구구와 0의 곱

✸ 1단 곱셈구구

×	1	2	3	4	5	6	7	8	9
1	1	2	3	4	5	6	7	8	9

1×(어떤 수)=(어떤 수),
(어떤 수)×1=(어떤 수)

✸ 0의 곱

→ 접시에 놓여진 것이 하나도 없습니다.

0×1=0	0×2=0	0×3=0

0×(어떤 수)=0, (어떤 수)×0=0

□ 안에 알맞은 수를 써넣으시오.

1 1×5=□

2 4×1=□

3 1×3=□

4 2×1=□

5 1×8=□

6 7×1=□

7 1×□=2

8 □×1=5

9 1×□=9

10 □×1=6

□ 안에 알맞은 수를 써넣으시오.

1 $0 \times 4 = \square$

2 $1 \times 0 = \square$

3 $0 \times 9 = \square$

4 $6 \times 0 = \square$

5 $0 \times 2 = \square$

6 $9 \times 0 = \square$

7 $0 \times 7 = \square$

8 $8 \times 0 = \square$

9 $\square \times 5 = 0$

10 $3 \times \square = 0$

11 $6 \times \square = 0$

12 $\square \times 7 = 0$

13 $\square \times 8 = 0$

14 $4 \times \square = 0$

이어서 곱하기

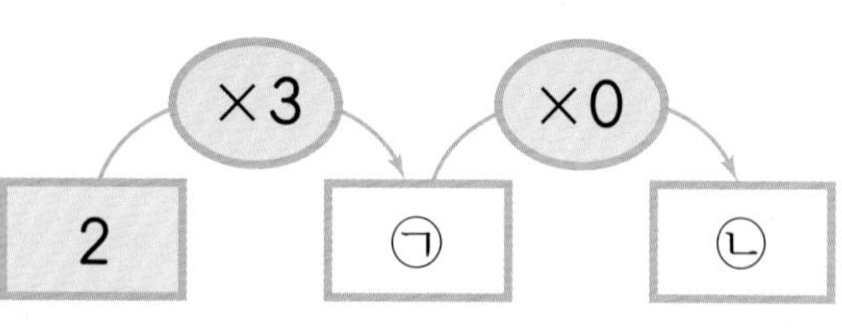

- ㉠은 2단 곱셈구구를 이용합니다.
  ⇨ ㉠ $=2\times3=6$
- ㉡은 0의 곱을 이용합니다.
  ⇨ ㉡ $=6\times0=0$

빈칸에 알맞은 수를 써넣으시오.

1

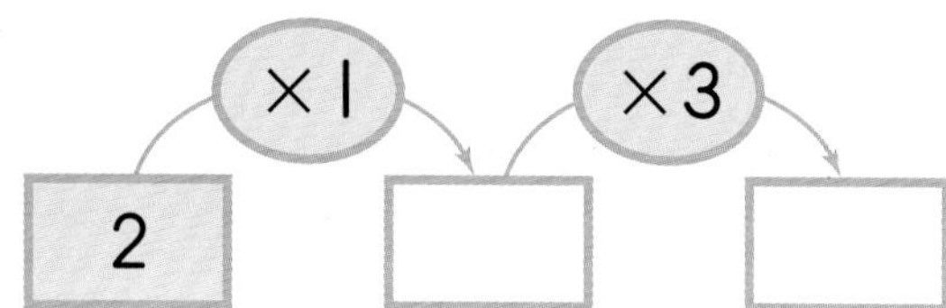

2

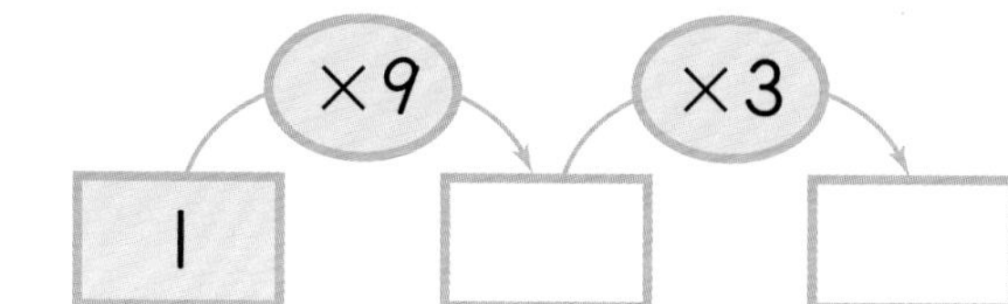

3

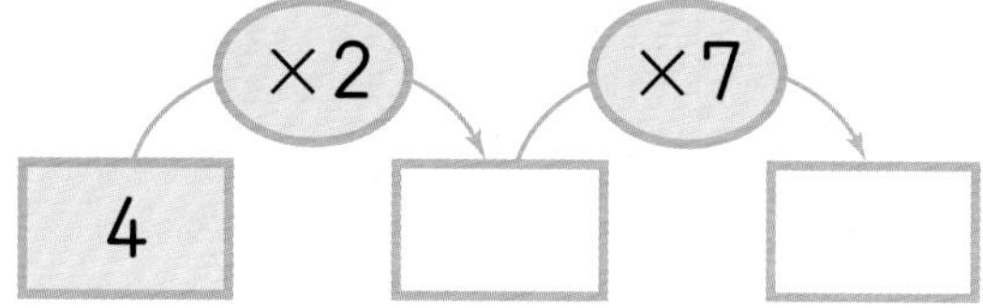

4

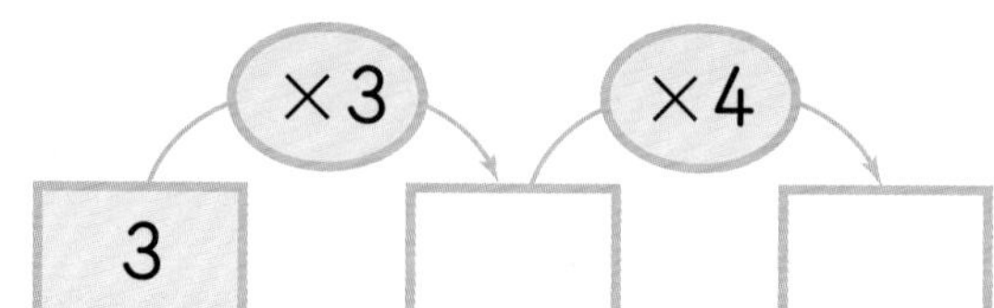

5

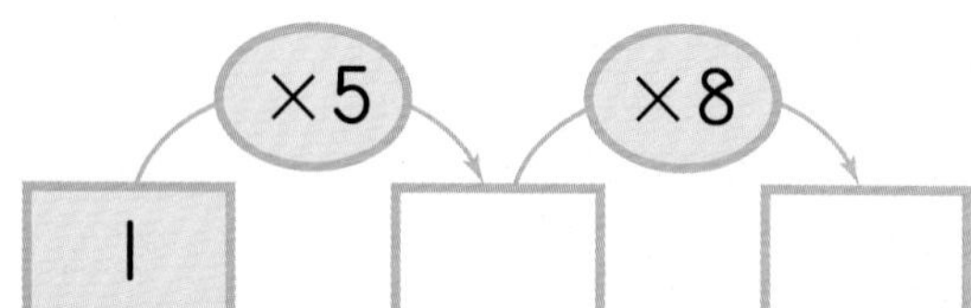

6

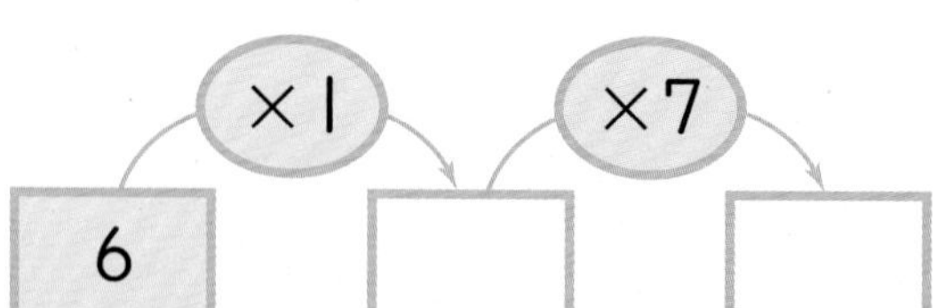

7

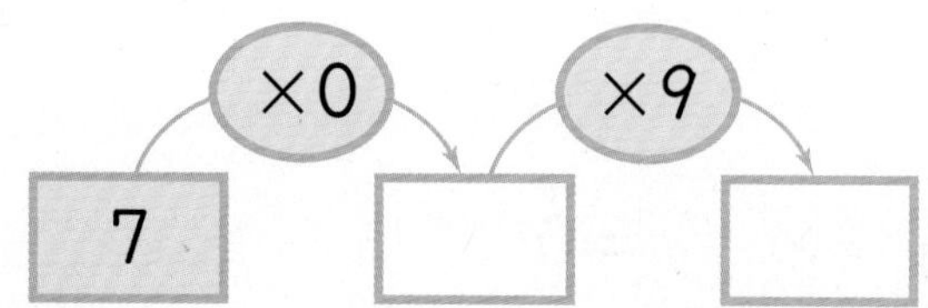

8

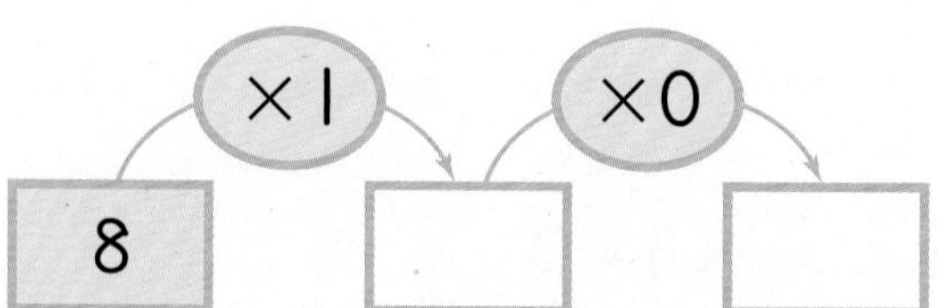

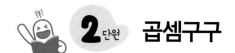

잘 틀리는 계산 연습

수 카드로 곱셈식 만들기

8×☐=☐☐

• 8단 곱셈구구를 이용합니다.
① 8×4=32 (×)
② 8×5=40 (○)
③ 8×0=0 (×)

수 카드를 한 번씩만 사용하여 곱셈식이 되도록 ☐ 안에 알맞은 수를 써넣으시오.

1 2 3 8

4×☐=☐☐

2 1 8 3

6×☐=☐☐

3 5 4 9

5×☐=☐☐

4 1 2 7

3×☐=☐☐

5 1 8 6

2×☐=☐☐

6 8 2 4

7×☐=☐☐

7 6 4 5

9×☐=☐☐

8 7 2 9

8×☐=☐☐

3단원 길이 재기

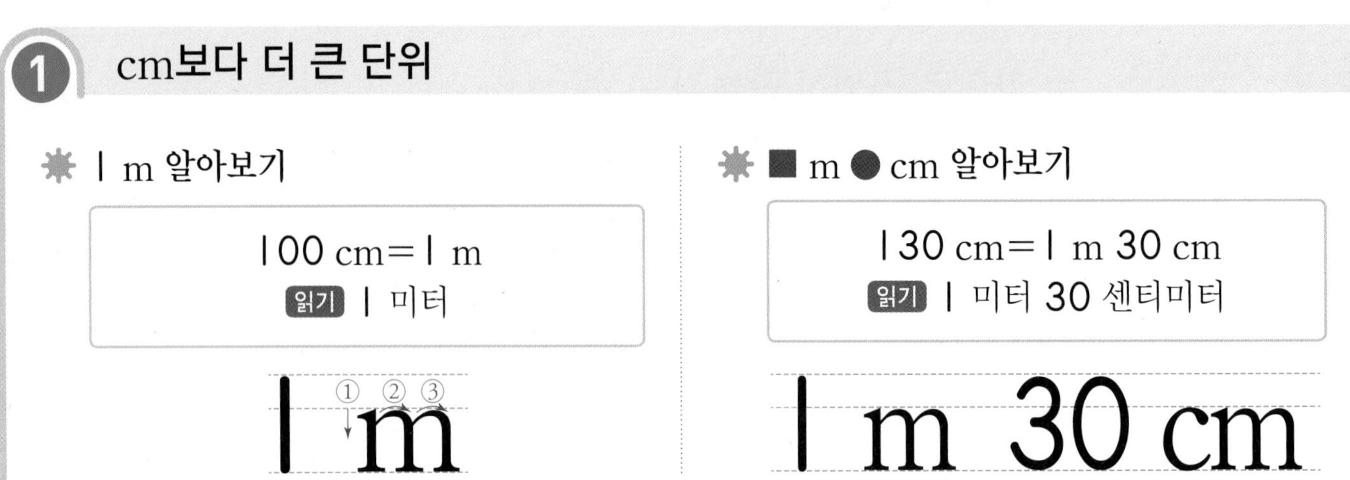

길이를 바르게 쓰시오.

1 2 m

2 5 m

3 l0 m

4 6 m l0 cm

길이를 바르게 읽으시오.

1 3 m

(　　　　　　　　)

2 9 m

(　　　　　　　　)

3 30 m

(　　　　　　　　)

4 46 m

(　　　　　　　　)

5 1 m 50 cm

(　　　　　　　　)

6 1 m 25 cm

(　　　　　　　　)

7 2 m 40 cm

(　　　　　　　　)

8 3 m 15 cm

(　　　　　　　　)

9 9 m 5 cm

(　　　　　　　　)

10 10 m 20 cm

(　　　　　　　　)

3단원 길이 재기

□ 안에 알맞은 수를 써넣으시오.

1 100 cm=□ m

2 2 m=□ cm

3 400 cm=□ m

4 9 m=□ cm

5 1000 cm=□ m

6 12 m=□ cm

7 140 cm=□ m □ cm

8 1 m 80 cm=□ cm

9 375 cm=□ m □ cm

10 2 m 35 cm=□ cm

11 809 cm=□ m □ cm

12 4 m 5 cm=□ cm

길이를 비교하여 ○ 안에 > 또는 <를 알맞게 써넣으시오.

1 3 m ○ 260 cm

2 370 cm ○ 4 m

3 10 m ○ 990 cm

4 1008 cm ○ 10 m 80 cm

5 1 m 50 cm ○ 105 cm

6 3 m 20 cm ○ 325 cm

7 856 cm ○ 8 m 65 cm

8 742 cm ○ 7 m 83 cm

9 3 m 9 cm ○ 390 cm

10 6 m 24 cm ○ 614 cm

11 11 m 5 cm ○ 115 cm

12 7 m 46 cm ○ 736 cm

2 자를 사용하여 길이 재기

줄자를 사용하여 길이 재는 방법

① 책상의 한끝을 줄자의 눈금 0에 맞춥니다.

② 책상의 다른 쪽 끝에 있는 줄자의 눈금을 읽습니다.

⇨ 눈금이 120이므로 책상의 길이는 1 m 20 cm 입니다.

자의 눈금을 읽으시오.

1

☐ cm　　☐ m ☐ cm

99 100 101 102 103 104 105 106 107 108 109

1 m

2

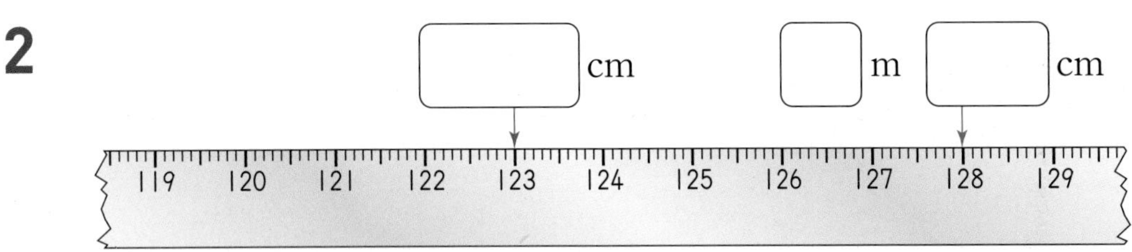

3

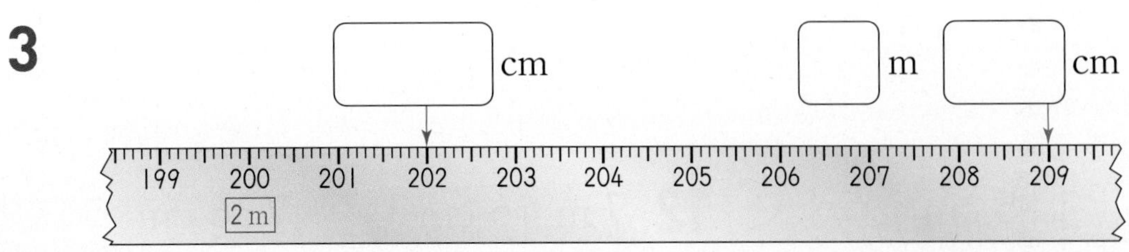

막대의 길이를 구하시오.

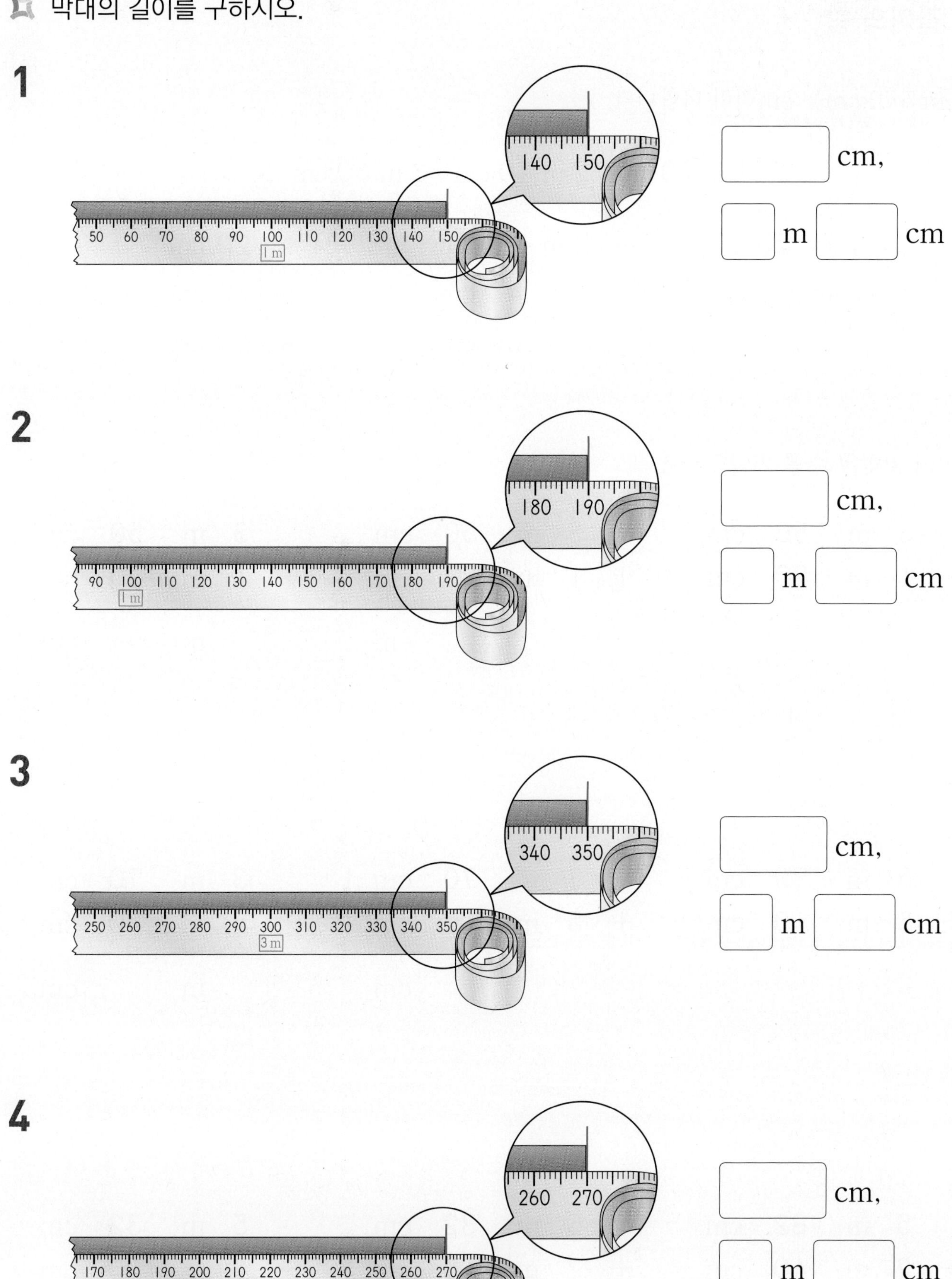
1
50 60 70 80 90 100 110 120 130 140 150
1 m
140 150
cm,
m cm
2
90 100 110 120 130 140 150 160 170 180 190
1 m
180 190
cm,
m cm
3
250 260 270 280 290 300 310 320 330 340 350
3 m
340 350
cm,
m cm
4
170 180 190 200 210 220 230 240 250 260 270
2 m
260 270
cm,
m cm

③ 길이의 합

m는 m끼리, cm는 cm끼리 더합니다.

1 m 20 cm+2 m 40 cm=3 m 60 cm

	m	cm			m	cm			m	cm
	1 m	20 cm			1 m	20 cm			1 m	20 cm
+	2 m	40 cm	⇨	+	2 m	40 cm	⇨	+	2 m	40 cm
						60 cm			3 m	60 cm

▢ 안에 알맞은 수를 써넣으시오.

1

	3 m	50 cm			3 m	50 cm			3 m	50 cm
+	1 m	20 cm	⇨	+	1 m	20 cm	⇨	+	1 m	20 cm
						▢ cm			▢ m	▢ cm

2

	3 m	70 cm			3 m	70 cm			3 m	70 cm
+	5 m	10 cm	⇨	+	5 m	10 cm	⇨	+	5 m	10 cm
						▢ cm			▢ m	▢ cm

3

	5 m	32 cm			5 m	32 cm			5 m	32 cm
+	2 m	40 cm	⇨	+	2 m	40 cm	⇨	+	2 m	40 cm
						▢ cm			▢ m	▢ cm

길이의 합을 구하시오.

1 2 m 30 cm+1 m 20 cm
=□ m □ cm

2 4 m 20 cm+2 m 50 cm
=□ m □ cm

3 5 m 40 cm+1 m 50 cm
=□ m □ cm

4 3 m 30 cm+4 m 50 cm
=□ m □ cm

5 2 m 25 cm+4 m 30 cm
=□ m □ cm

6 7 m 21 cm+1 m 42 cm
=□ m □ cm

7 5 m 52 cm+1 m 23 cm
=□ m □ cm

8 1 m 45 cm+4 m 34 cm
=□ m □ cm

9 16 m 46 cm+2 m 40 cm
=□ m □ cm

10 4 m 52 cm+12 m 5 cm
=□ m □ cm

길이의 합을 구하시오.

1

$$\begin{array}{rrrrr} & 1 & \text{m} & 30 & \text{cm} \\ + & 2 & \text{m} & 40 & \text{cm} \\ \hline & \square & \text{m} & \square & \text{cm} \end{array}$$

2

$$\begin{array}{rrrrr} & 3 & \text{m} & 50 & \text{cm} \\ + & 1 & \text{m} & 40 & \text{cm} \\ \hline & \square & \text{m} & \square & \text{cm} \end{array}$$

3

$$\begin{array}{rrrrr} & 4 & \text{m} & 25 & \text{cm} \\ + & 5 & \text{m} & 50 & \text{cm} \\ \hline & \square & \text{m} & \square & \text{cm} \end{array}$$

4

$$\begin{array}{rrrrr} & 2 & \text{m} & 40 & \text{cm} \\ + & 7 & \text{m} & 15 & \text{cm} \\ \hline & \square & \text{m} & \square & \text{cm} \end{array}$$

5

$$\begin{array}{rrrrr} & 1 & \text{m} & 70 & \text{cm} \\ + & 4 & \text{m} & 9 & \text{cm} \\ \hline & \square & \text{m} & \square & \text{cm} \end{array}$$

6

$$\begin{array}{rrrrr} & 5 & \text{m} & 24 & \text{cm} \\ + & 2 & \text{m} & 32 & \text{cm} \\ \hline & \square & \text{m} & \square & \text{cm} \end{array}$$

7

$$\begin{array}{rrrrr} & 5 & \text{m} & 56 & \text{cm} \\ + & 7 & \text{m} & 12 & \text{cm} \\ \hline & \square & \text{m} & \square & \text{cm} \end{array}$$

8

$$\begin{array}{rrrrr} & 13 & \text{m} & 24 & \text{cm} \\ + & 5 & \text{m} & 13 & \text{cm} \\ \hline & \square & \text{m} & \square & \text{cm} \end{array}$$

☐ 안에 알맞은 수를 써넣으시오.

1

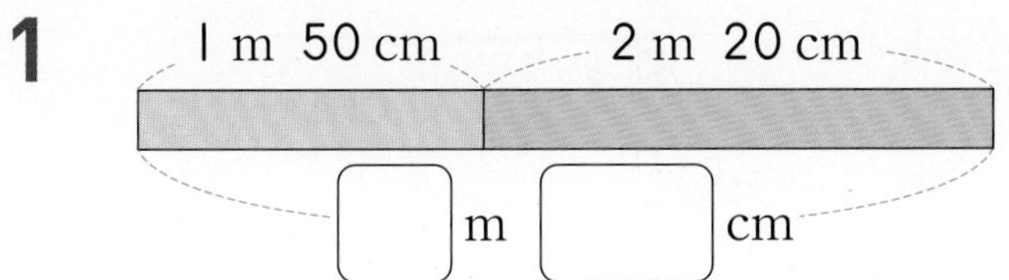

2

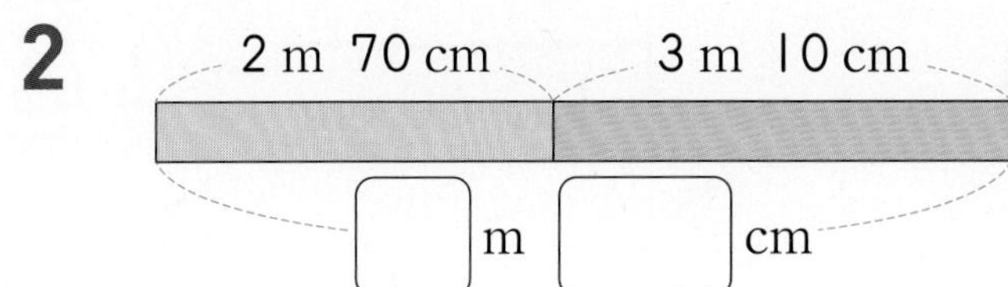

3

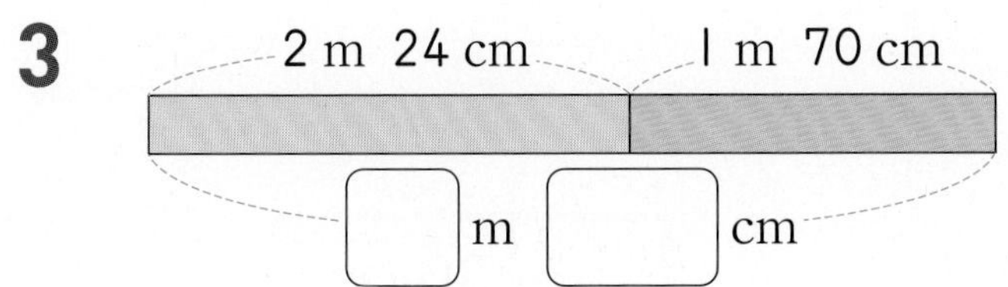

4

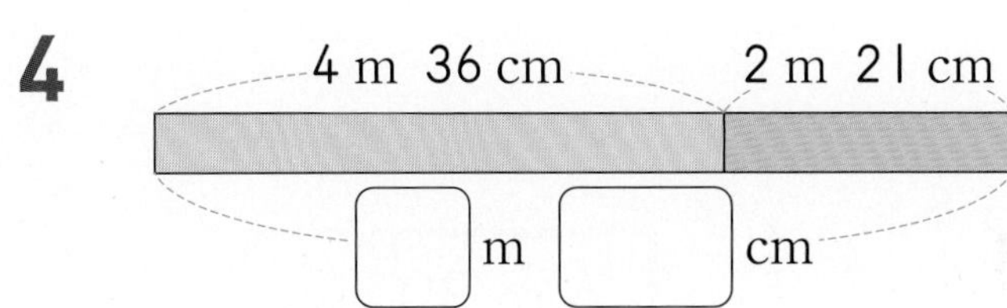

5

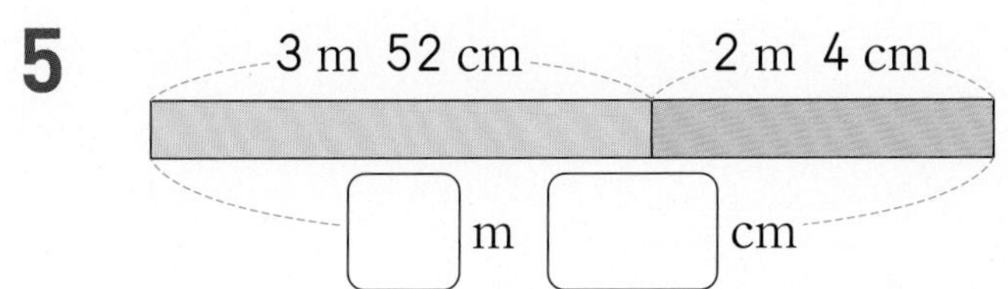

6

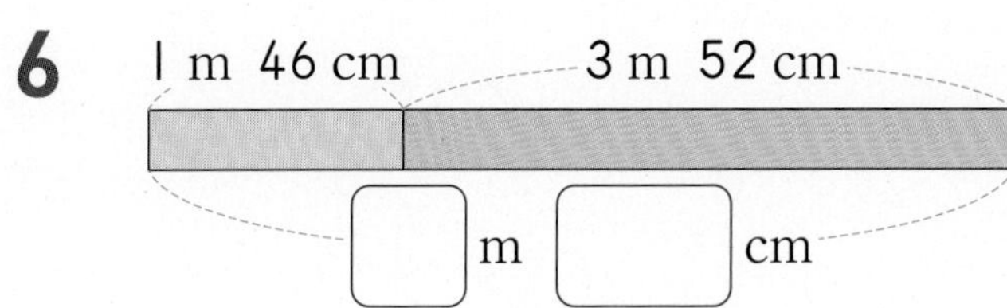

7

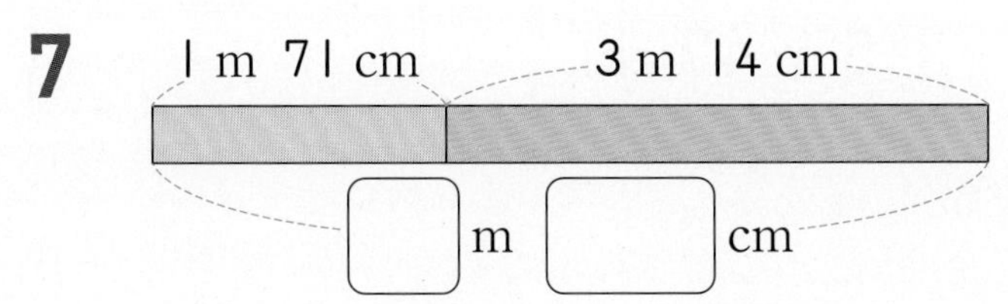

8

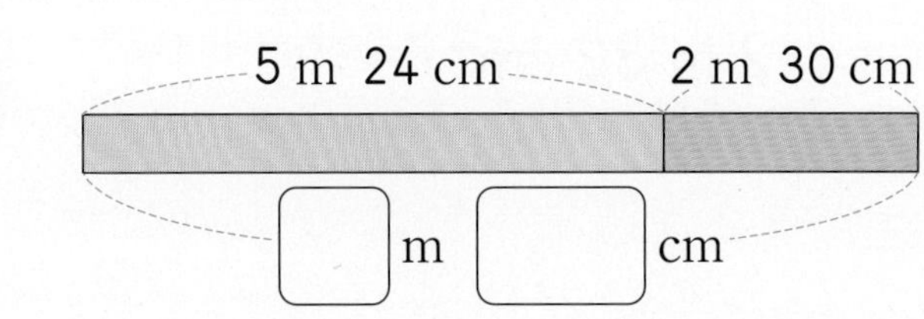

9

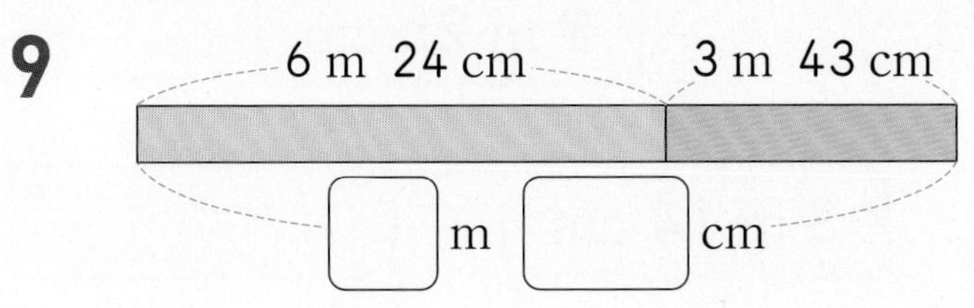

10

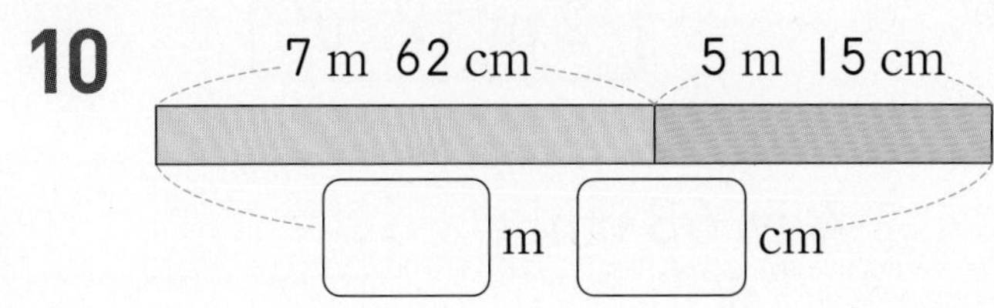

빈 곳에 알맞은 길이를 써넣으시오.

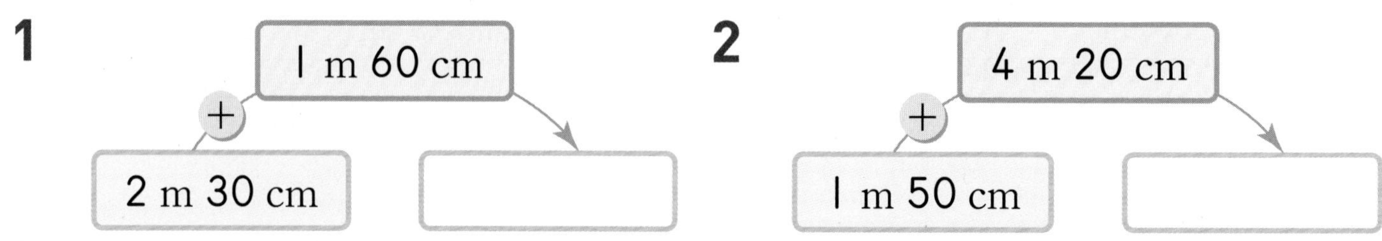

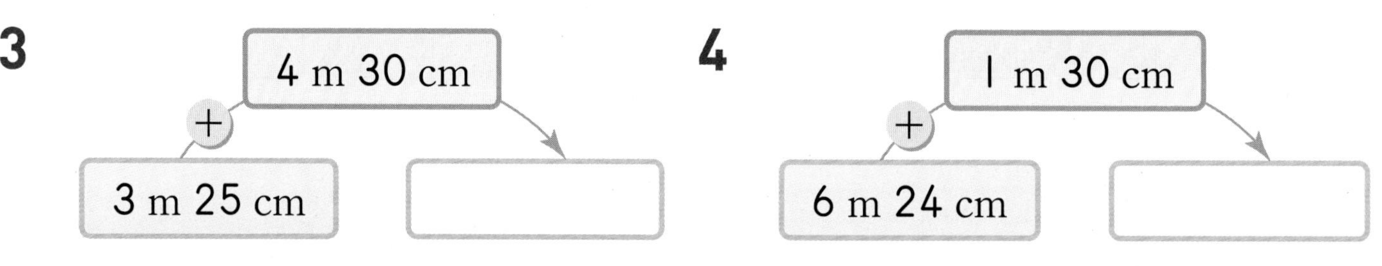

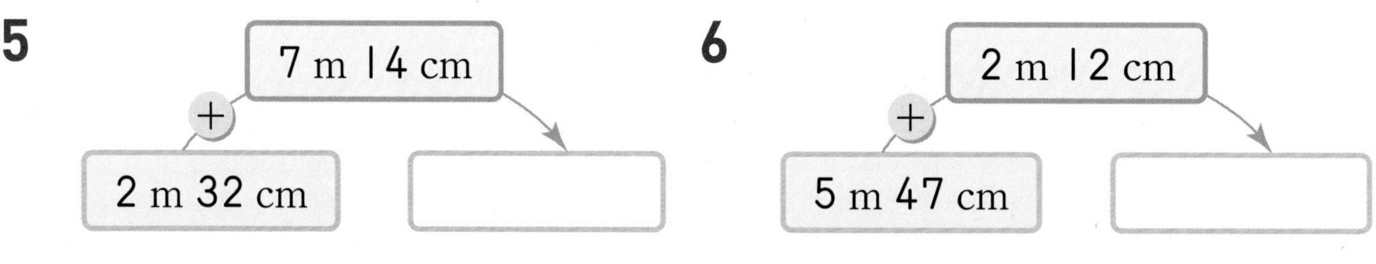

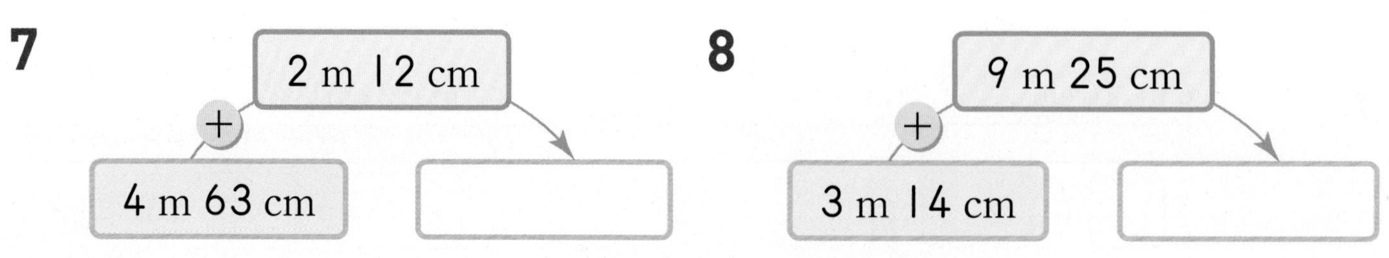

4 길이의 차

m는 m끼리, cm는 cm끼리 뺍니다.

5 m 70 cm−2 m 10 cm=3 m 60 cm

	5 m	70 cm	⇨		5 m	70 cm	⇨		5 m	70 cm
−	2 m	10 cm		−	2 m	10 cm		−	2 m	10 cm
						60 cm			3 m	60 cm

▢ 안에 알맞은 수를 써넣으시오.

1

	7 m	80 cm	⇨		7 m	80 cm	⇨		7 m	80 cm
−	2 m	40 cm		−	2 m	40 cm		−	2 m	40 cm
						▢ cm			▢ m	▢ cm

2

	9 m	80 cm	⇨		9 m	80 cm	⇨		9 m	80 cm
−	1 m	20 cm		−	1 m	20 cm		−	1 m	20 cm
						▢ cm			▢ m	▢ cm

3

	8 m	56 cm	⇨		8 m	56 cm	⇨		8 m	56 cm
−	2 m	20 cm		−	2 m	20 cm		−	2 m	20 cm
						▢ cm			▢ m	▢ cm

길이의 차를 구하시오.

1 4 m 50 cm−1 m 20 cm
= □ m □ cm

2 6 m 80 cm−3 m 20 cm
= □ m □ cm

3 6 m 75 cm−2 m 30 cm
= □ m □ cm

4 8 m 85 cm−1 m 35 cm
= □ m □ cm

5 7 m 82 cm−5 m 31 cm
= □ m □ cm

6 9 m 76 cm−3 m 22 cm
= □ m □ cm

7 8 m 83 cm−4 m 11 cm
= □ m □ cm

8 7 m 95 cm−3 m 42 cm
= □ m □ cm

9 16 m 76 cm−5 m 13 cm
= □ m □ cm

10 25 m 19 cm−4 m 6 cm
= □ m □ cm

길이의 차를 구하시오.

1

$$\begin{array}{rrrr} & 8\ \text{m} & 70\ \text{cm} \\ - & 3\ \text{m} & 20\ \text{cm} \\ \hline & \square\ \text{m} & \square\ \text{cm} \end{array}$$

2

$$\begin{array}{rrrr} & 9\ \text{m} & 90\ \text{cm} \\ - & 3\ \text{m} & 40\ \text{cm} \\ \hline & \square\ \text{m} & \square\ \text{cm} \end{array}$$

3

$$\begin{array}{rrrr} & 7\ \text{m} & 95\ \text{cm} \\ - & 5\ \text{m} & 40\ \text{cm} \\ \hline & \square\ \text{m} & \square\ \text{cm} \end{array}$$

4

$$\begin{array}{rrrr} & 8\ \text{m} & 45\ \text{cm} \\ - & 7\ \text{m} & 24\ \text{cm} \\ \hline & \square\ \text{m} & \square\ \text{cm} \end{array}$$

5

$$\begin{array}{rrrr} & 9\ \text{m} & 38\ \text{cm} \\ - & 4\ \text{m} & 16\ \text{cm} \\ \hline & \square\ \text{m} & \square\ \text{cm} \end{array}$$

6

$$\begin{array}{rrrr} & 6\ \text{m} & 92\ \text{cm} \\ - & 3\ \text{m} & 90\ \text{cm} \\ \hline & \square\ \text{m} & \square\ \text{cm} \end{array}$$

7

$$\begin{array}{rrrr} & 8\ \text{m} & 93\ \text{cm} \\ - & 3\ \text{m} & 62\ \text{cm} \\ \hline & \square\ \text{m} & \square\ \text{cm} \end{array}$$

8

$$\begin{array}{rrrr} & 11\ \text{m} & 68\ \text{cm} \\ - & 6\ \text{m} & 24\ \text{cm} \\ \hline & \square\ \text{m} & \square\ \text{cm} \end{array}$$

□ 안에 알맞은 수를 써넣으시오.

1

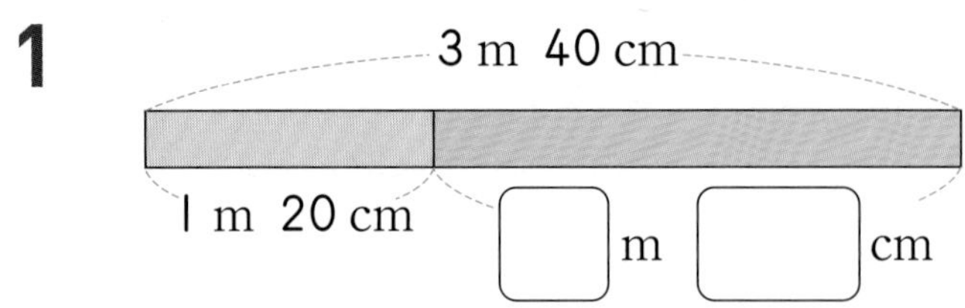

2

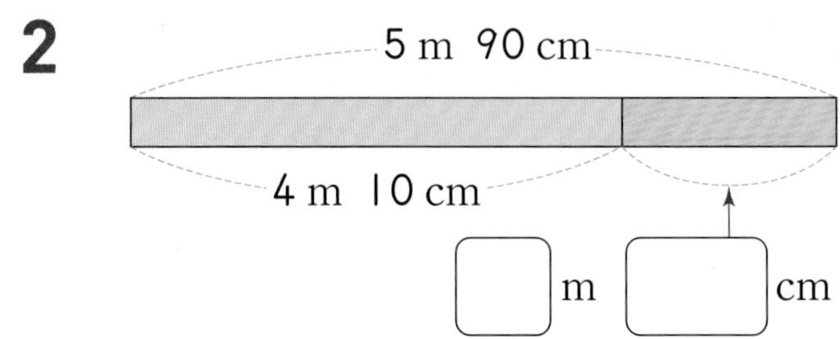

3

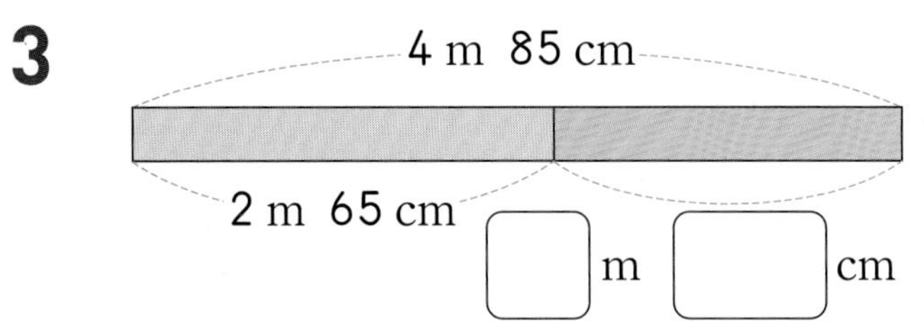

4

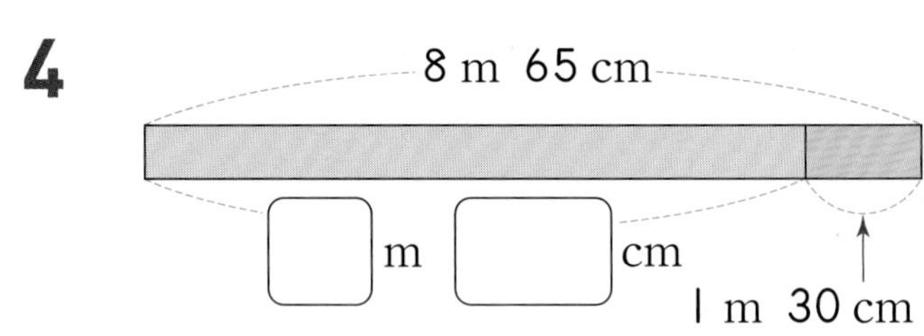

5

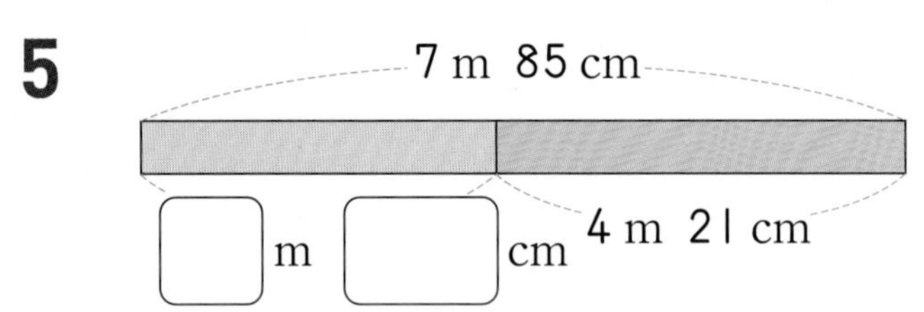

6

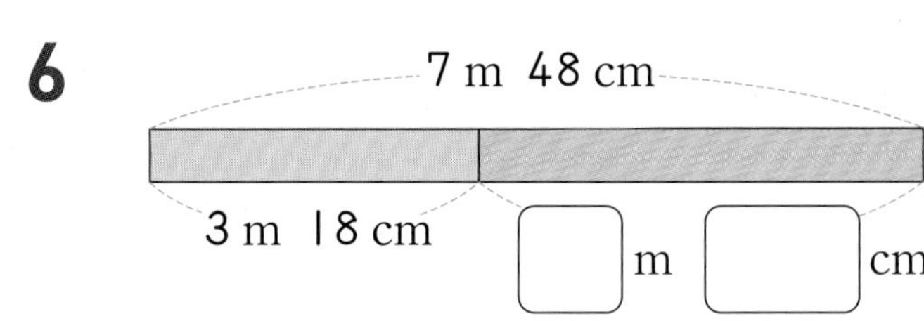

7

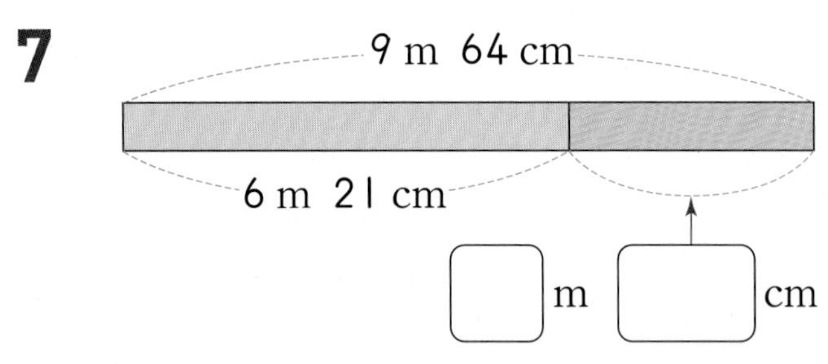

8

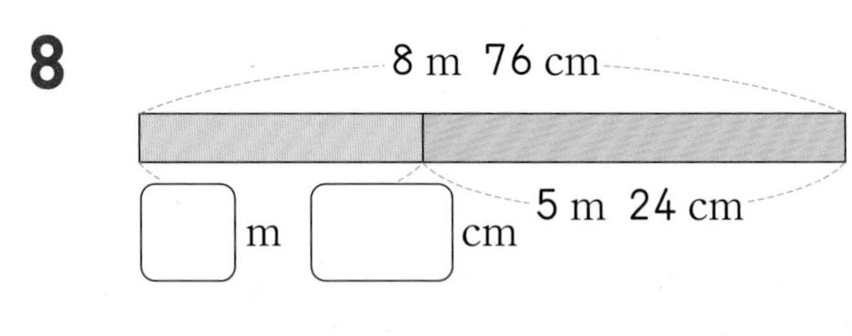

9

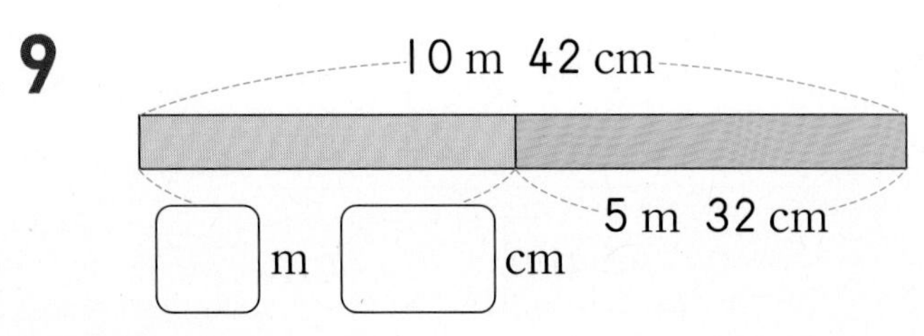

10

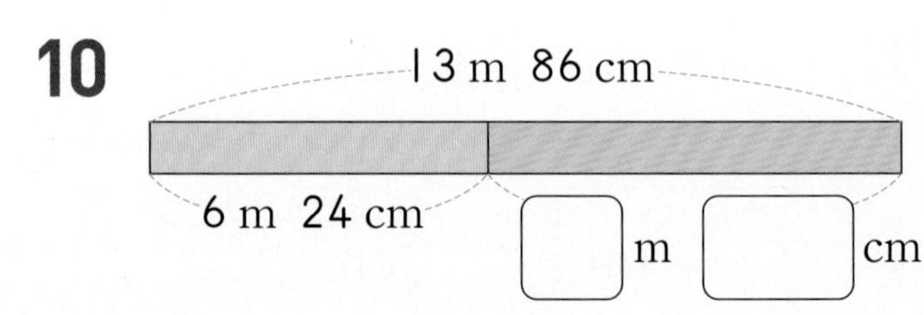

빈 곳에 알맞은 길이를 써넣으시오.

1

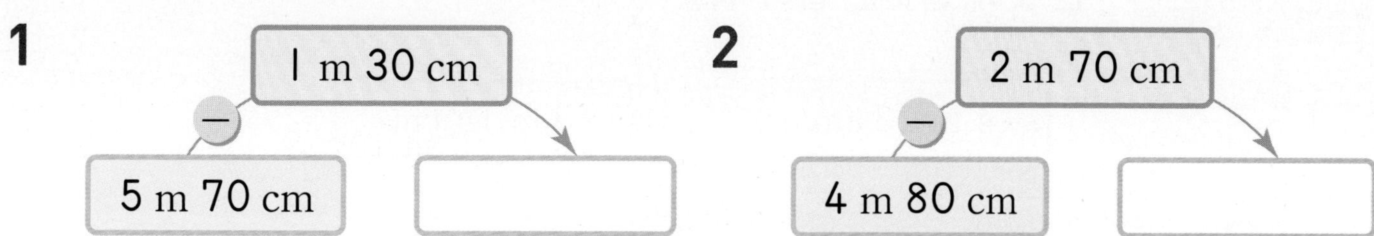

2

3

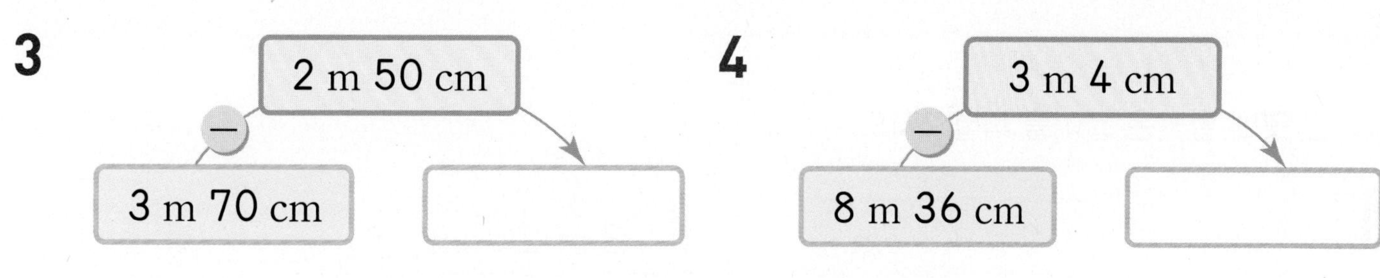

4

5

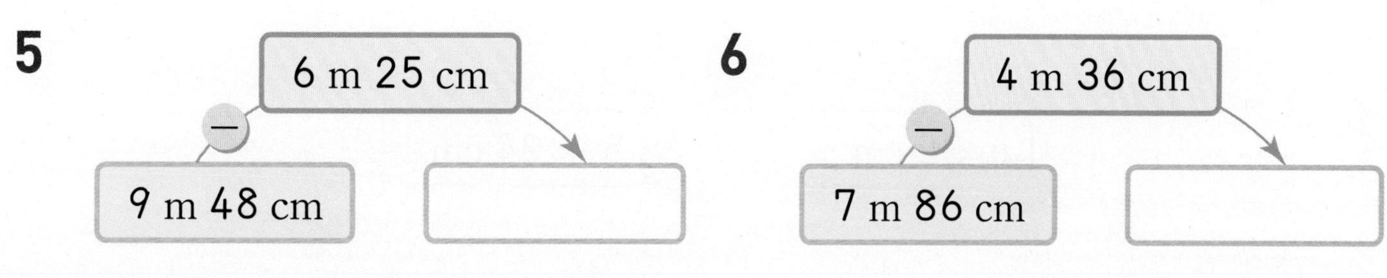

6

7

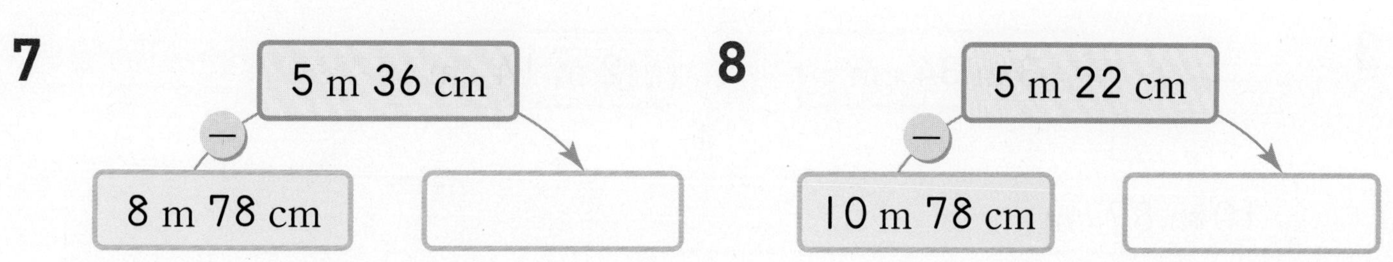

8

잘 틀리는 계산 연습 빈 곳에 알맞은 길이 써넣기

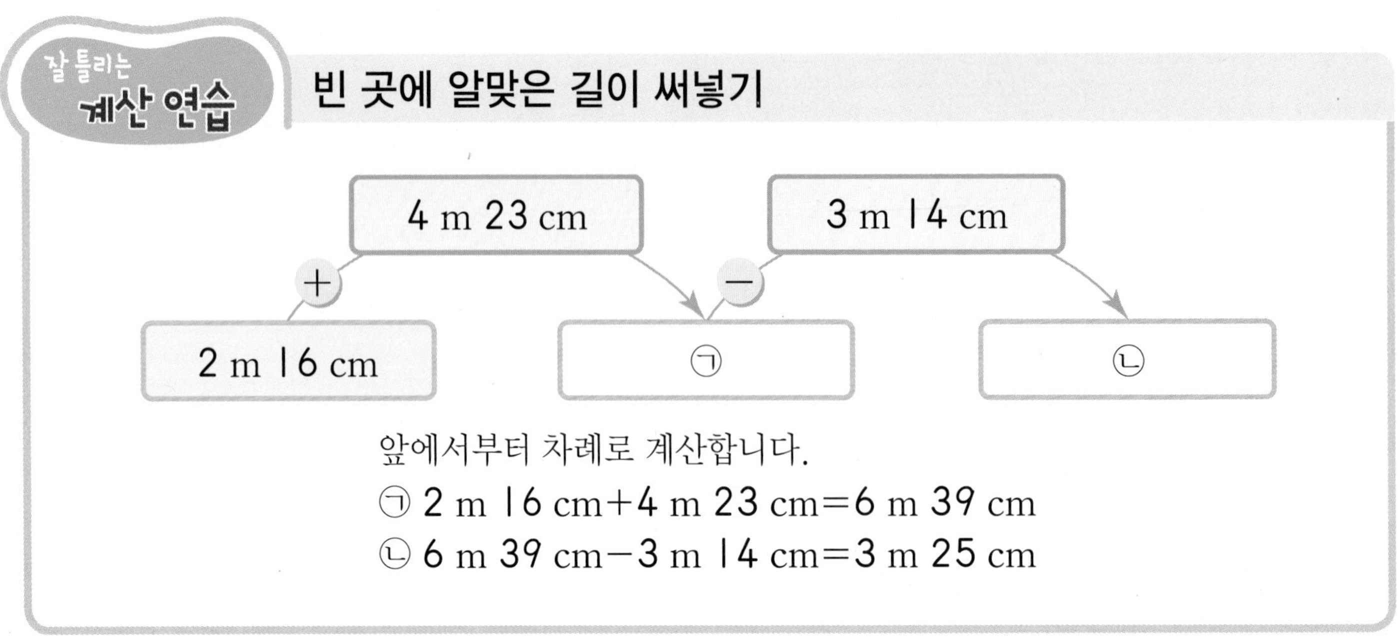

앞에서부터 차례로 계산합니다.

㉠ 2 m 16 cm+4 m 23 cm=6 m 39 cm

㉡ 6 m 39 cm−3 m 14 cm=3 m 25 cm

빈 곳에 알맞은 길이를 써넣으시오.

1

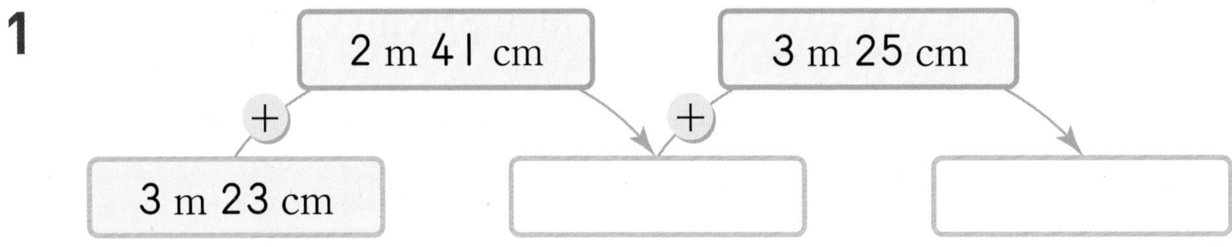

2

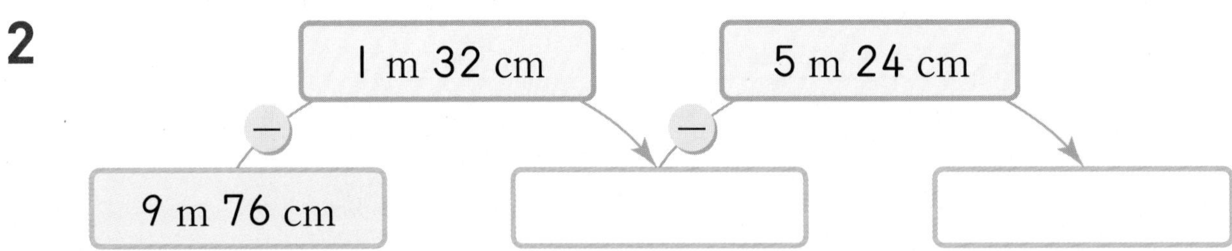

3

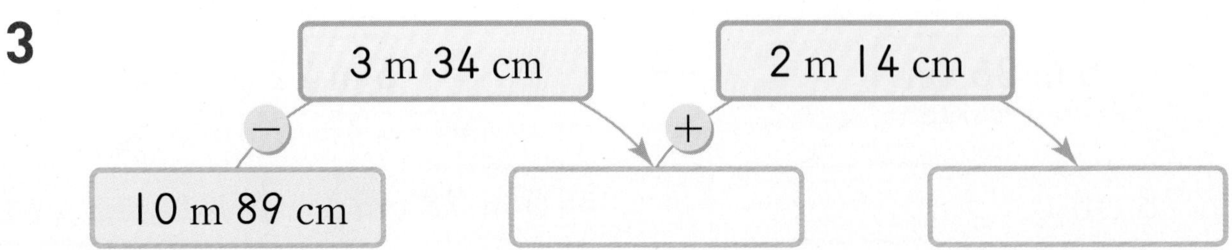

잘 틀리는 계산 연습

두 길이의 합과 차 구하기

4 m 55 cm, 213 cm

① 213 cm를 ■ m ● cm로 나타냅니다.
213 cm=2 m 13 cm

② 두 길이의 합과 차를 구합니다.
합: 4 m 55 cm+2 m 13 cm=6 m 68 cm
차: 4 m 55 cm−2 m 13 cm=2 m 42 cm

☐ 안에 알맞은 수를 써넣으시오.

1 6 m 43 cm, 321 cm

합: ☐ m ☐ cm

차: ☐ m ☐ cm

2 756 cm, 2 m 23 cm

합: ☐ m ☐ cm

차: ☐ m ☐ cm

3 575 cm, 3 m 22cm

합: ☐ m ☐ cm

차: ☐ m ☐ cm

4 4 m 31 cm, 543 cm

합: ☐ m ☐ cm

차: ☐ m ☐ cm

5 9 m 44 cm, 223 cm

합: ☐ m ☐ cm

차: ☐ m ☐ cm

6 142 cm, 8 m 57 cm

합: ☐ m ☐ cm

차: ☐ m ☐ cm

4단원 시각과 시간

1 몇 시 몇 분 (1)

✸ 긴바늘이 가리키는 숫자와 나타내는 분

숫자	1	2	3	4	5	6	7	8	9	10	11	12
분	5	10	15	20	25	30	35	40	45	50	55	0

✸ 시각 읽어 보기

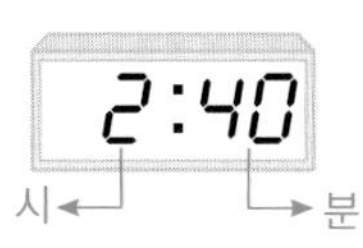

짧은바늘: 2와 3 사이 ⇨ 2시 ■분
긴바늘: 8 ⇨ 2시 40분

시각을 읽으시오.

1  □시 □분

2  □시 □분

3  □시 □분

4  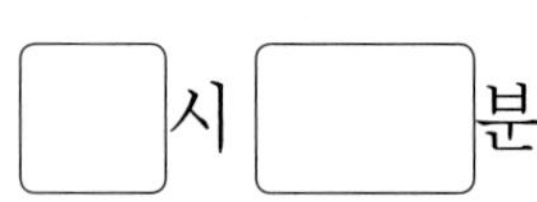 □시 □분

5  □시 □분

6  □시 □분

시각에 맞게 시계의 긴바늘을 그려 넣으시오.

1 5시 10분

2 8시 35분

3 9시 25분

4 11시 40분

5 4시 50분

6 7시 15분

7 10시 45분

8 2시 55분

시각에 맞게 시곗바늘을 그려 넣으시오.

1 1시 40분

2 3시 25분

3 9시 35분

4 8시 30분

5 7시 50분

6 6시 45분

7 2시 15분

8 7시 55분

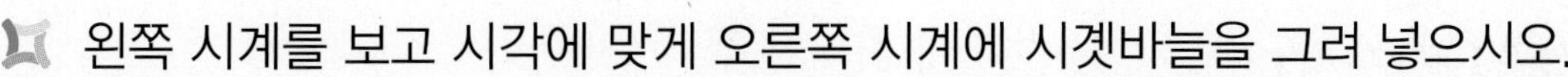

왼쪽 시계를 보고 시각에 맞게 오른쪽 시계에 시곗바늘을 그려 넣으시오.

1

6:25

2

10:40

3

4:50

4

2:55

5

9:35

6

7:05

7

3:20

8

12:45

2 몇 시 몇 분 (2)

시각 읽어 보기

4:37

짧은바늘: 4와 5 사이 ⇨ 4시 ■분
긴바늘: 7에서 작은 눈금 2칸 더 간 곳
⇨ 4시 37분

시각을 읽으시오.

1

☐시 ☐분

2

☐시 ☐분

3

☐시 ☐분

4

☐시 ☐분

5

☐시 ☐분

6

☐시 ☐분

시각에 맞게 시계의 긴바늘을 그려 넣으시오.

1 8시 12분

2 6시 23분

3 1시 46분

4 3시 38분

5 4시 51분

6 11시 29분

7 7시 48분

8 9시 54분

시각에 맞게 시곗바늘을 그려 넣으시오.

1 4시 32분

2 9시 29분

3 6시 13분

4 10시 43분

5 7시 56분

6 3시 38분

7 4시 27분

8 8시 22분

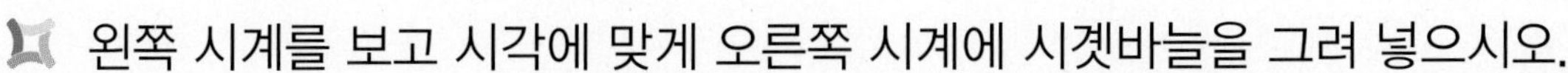

왼쪽 시계를 보고 시각에 맞게 오른쪽 시계에 시곗바늘을 그려 넣으시오.

1

3:41

2

11:27

3

5:38

4

9:23

5

10:12

6

4:46

7

6:58

8

7:34

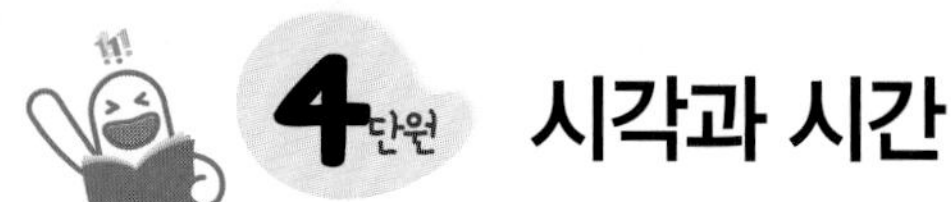

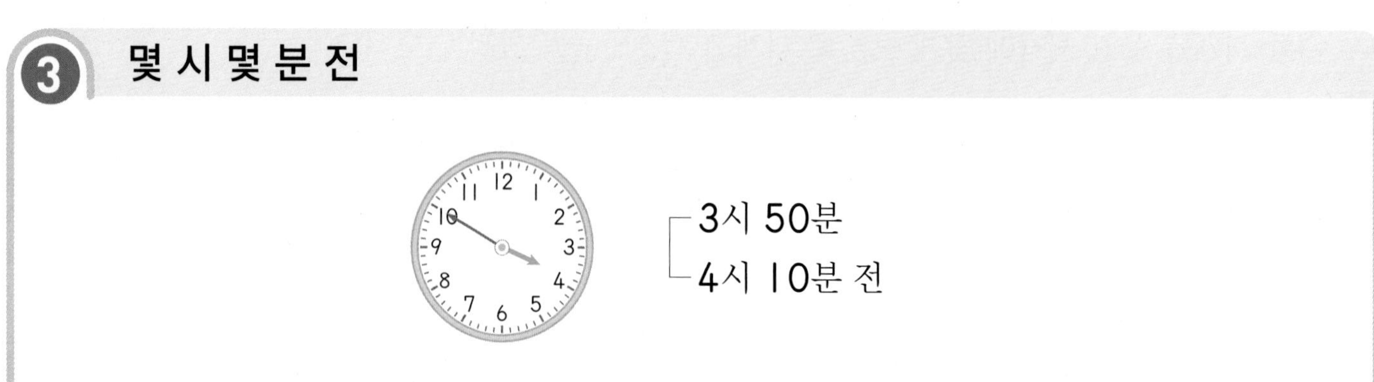

3 몇 시 몇 분 전
3시 50분
4시 10분 전

시각을 두 가지 방법으로 읽으시오.

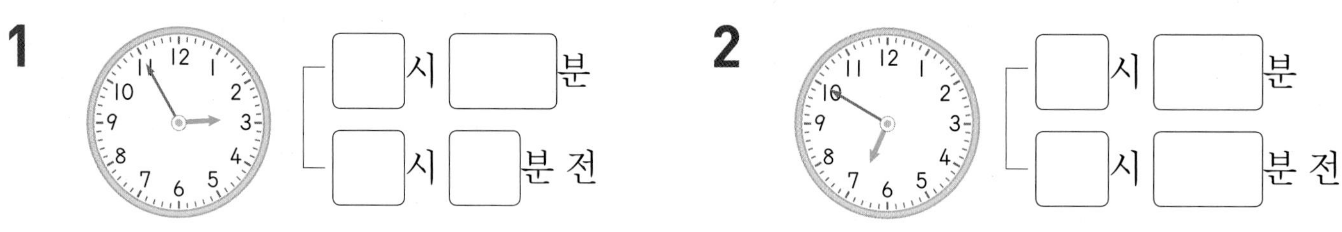

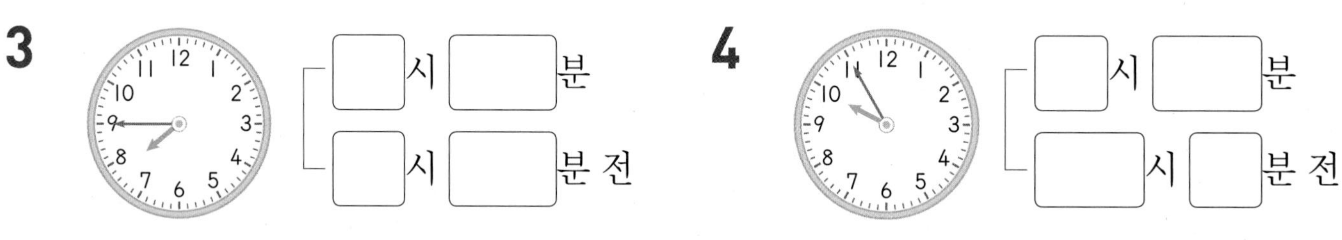

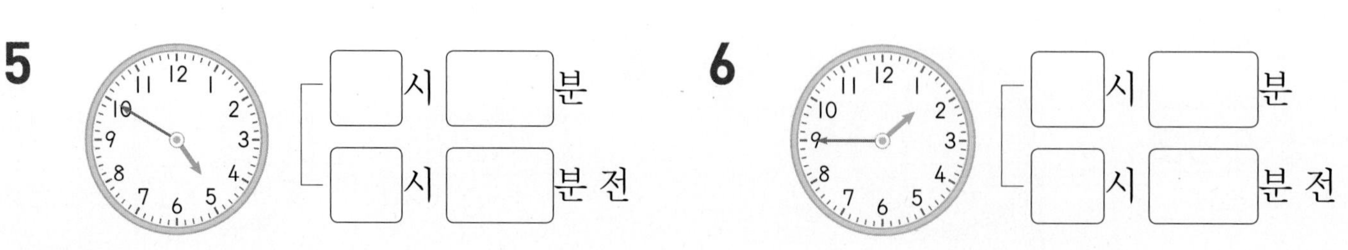

□ 안에 알맞은 수를 써넣으시오.

1 2시 50분은 3시 □분 전입니다.

2 7시 5분 전은 □시 55분입니다.

3 8시 45분은 9시 □분 전입니다.

4 6시 15분 전은 □시 45분입니다.

5 4시 55분은 5시 □분 전입니다.

6 9시 10분 전은 □시 50분입니다.

7 7시 50분은 □시 10분 전입니다.

8 12시 5분 전은 11시 □분입니다.

9 10시 55분은 □시 5분 전입니다.

10 6시 10분 전은 5시 □분입니다.

11 2시 45분은 □시 □분 전입니다.

12 4시 10분 전은 □시 □분입니다.

시각을 몇 시 몇 분 전으로 읽으시오.

1

(　　　　　　　　　　)

2

(　　　　　　　　　　)

3

(　　　　　　　　　　)

4

(　　　　　　　　　　)

5

(　　　　　　　　　　)

6

(　　　　　　　　　　)

7

(　　　　　　　　　　)

8

(　　　　　　　　　　)

시각에 맞게 시곗바늘을 그려 넣으시오.

1 2시 10분 전

2 7시 5분 전

3 4시 15분 전

4 11시 10분 전

5 9시 5분 전

6 1시 15분 전

7 3시 10분 전

8 5시 5분 전

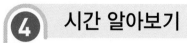

④ 시간 알아보기

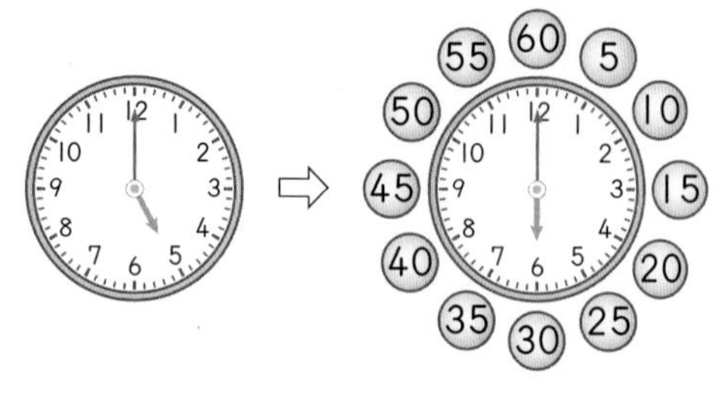

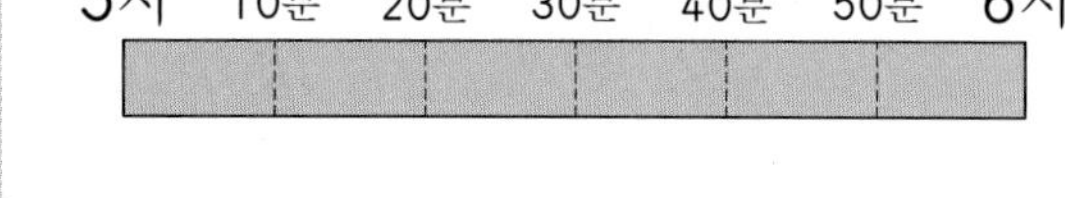

- 60분: 시계의 긴바늘이 한 바퀴 도는 데 걸리는 시간
- 60분=1시간

□ 안에 알맞은 수를 써넣으시오.

1 60분=□시간

2 3시간=□분

3 1시간 20분=□분

4 130분=□시간 □분

5 5시간=□분

6 230분=□시간 □분

7 420분=□시간

8 2시간 30분=□분

두 시계를 보고 시간이 얼마나 흘렀는지 시간 띠에 나타내어 구하시오.

1

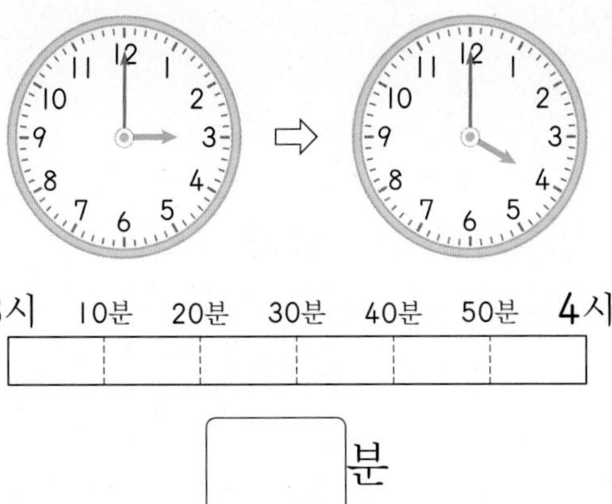

2

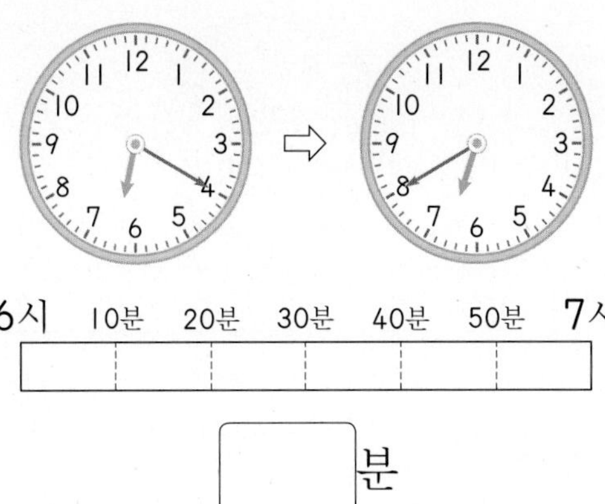

3

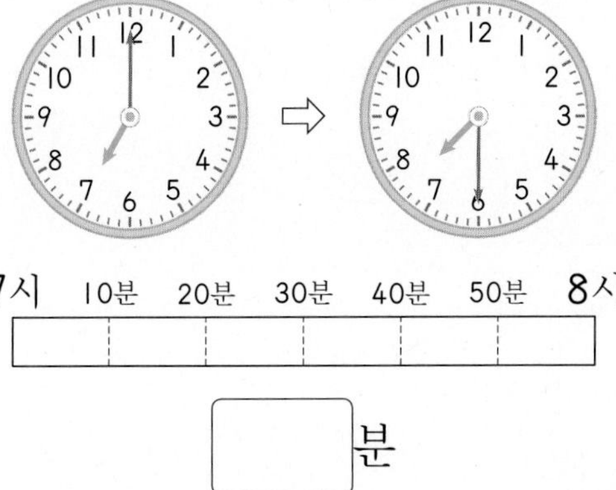

4

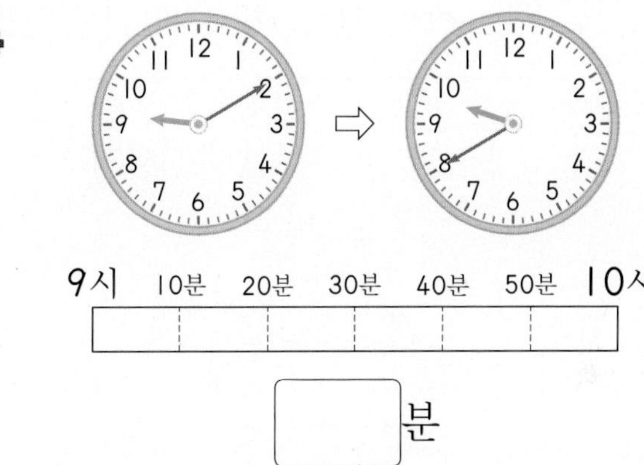

5

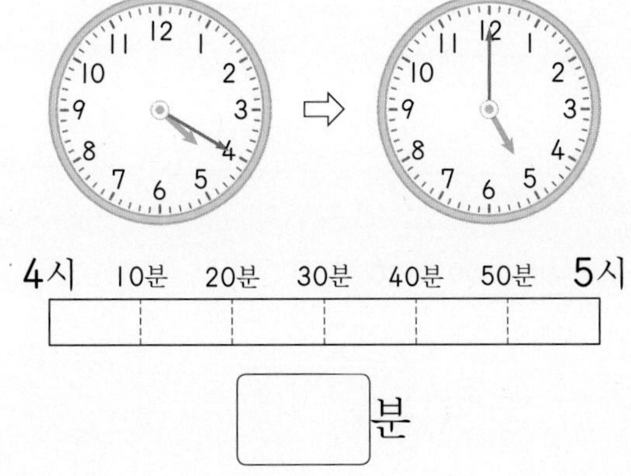

6

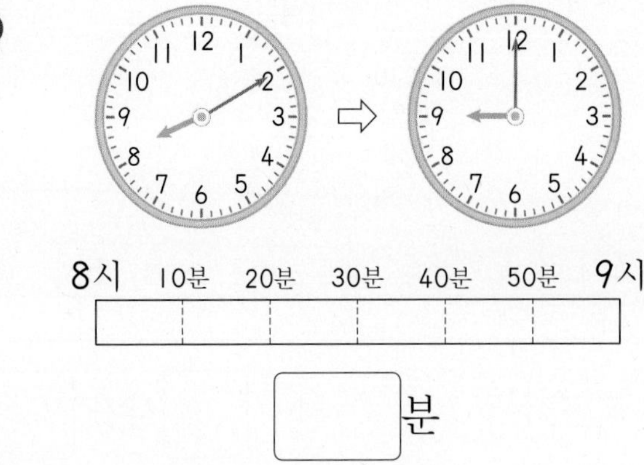

두 시계를 보고 시간이 얼마나 흘렀는지 시간 띠에 나타내어 구하시오.

1

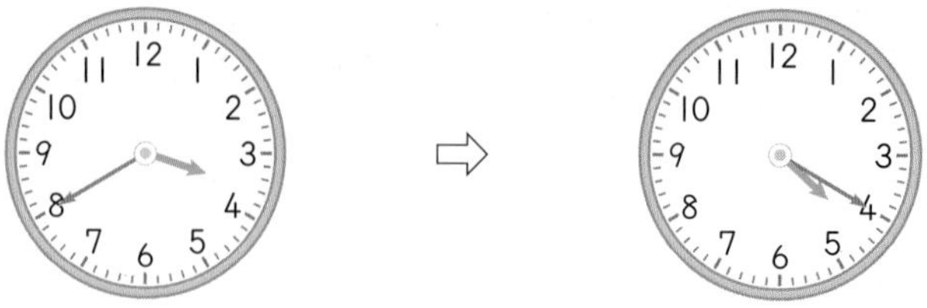

3시 10분 20분 30분 40분 50분 4시 10분 20분 30분 40분 50분 5시

□분

2

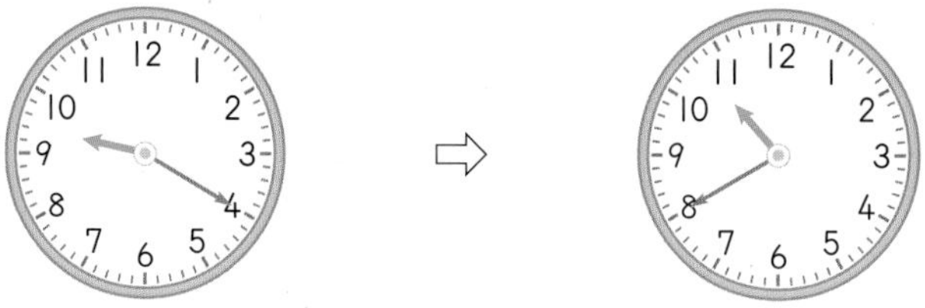

9시 10분 20분 30분 40분 50분 10시 10분 20분 30분 40분 50분 11시

□시간 □분

3

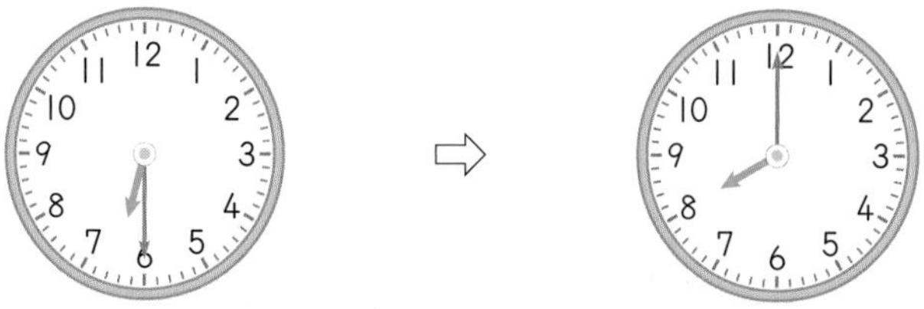

6시 10분 20분 30분 40분 50분 7시 10분 20분 30분 40분 50분 8시

□시간 □분

4

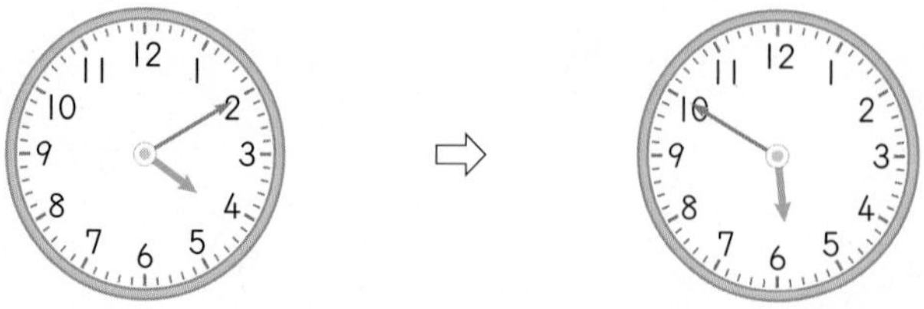

4시 10분 20분 30분 40분 50분 5시 10분 20분 30분 40분 50분 6시

□시간 □분

두 시계를 보고 시간이 얼마나 흘렀는지 구하시오.

1

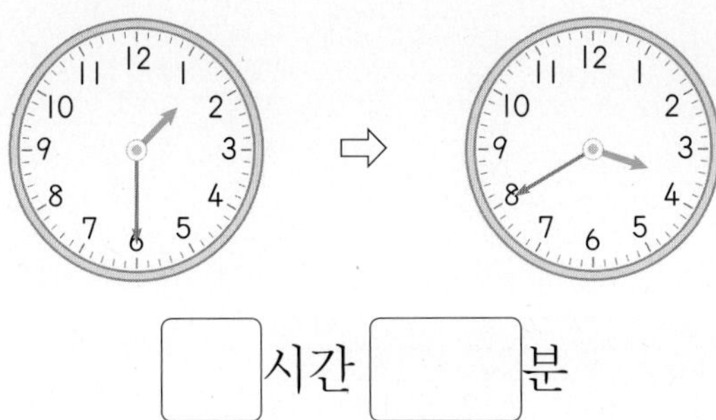

□시간 □분

2

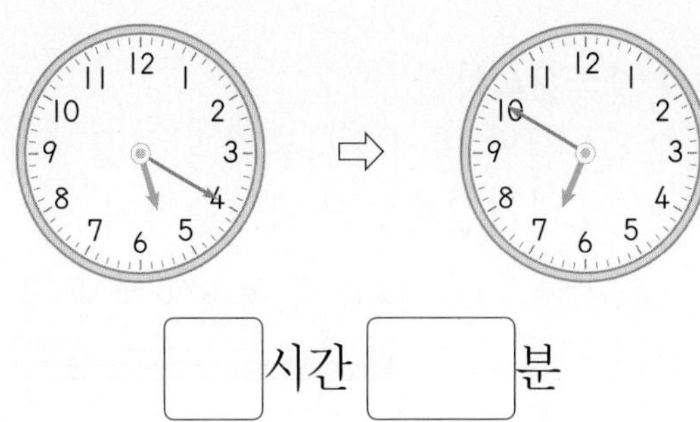

□시간 □분

3

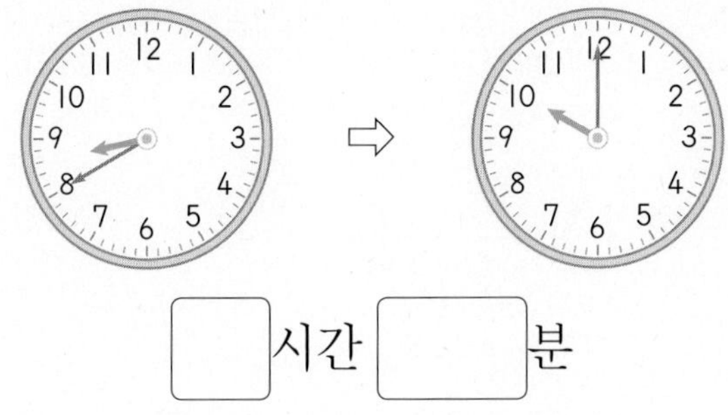

□시간 □분

4

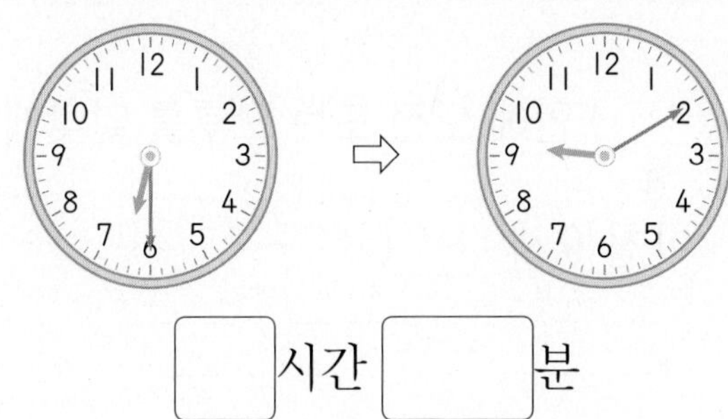

□시간 □분

5

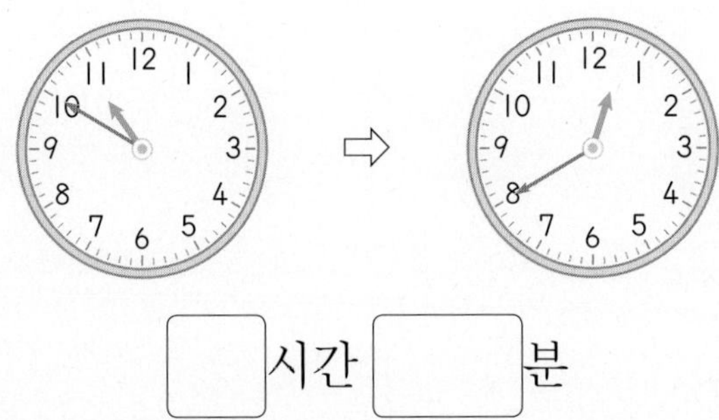

□시간 □분

6

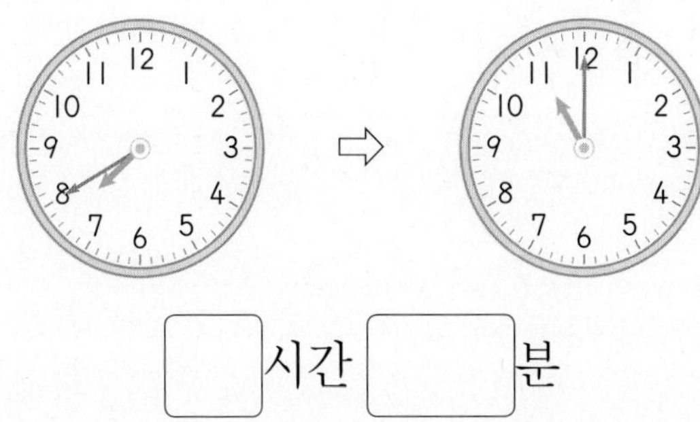

□시간 □분

7

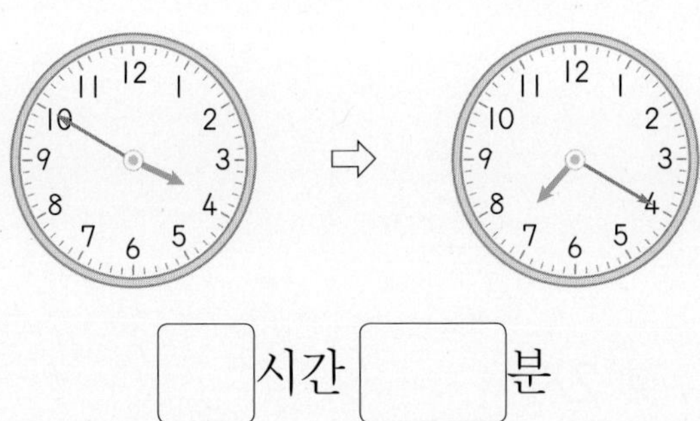

□시간 □분

8

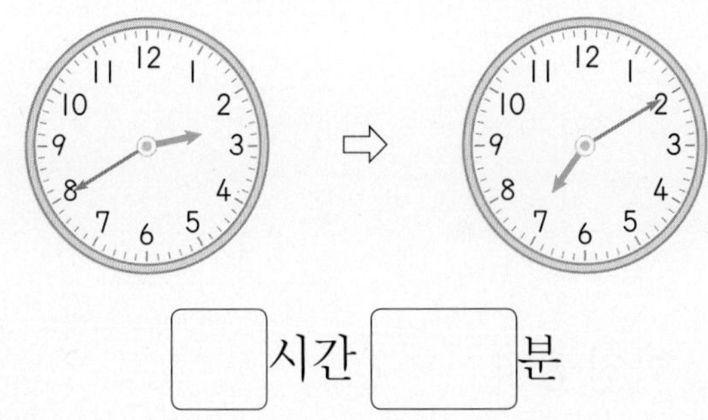

□시간 □분

5 하루의 시간

- 1일=24시간
- 오전: 전날 밤 12시부터 낮 12시까지
  오후: 낮 12시부터 밤 12까지

12 1 2 3 4 5 6 7 8 9 10 11 12
1 2 3 4 5 6 7 8 9 10 11 12
12시간(오전) 12시간(오후)
24시간(1일)

( ) 안에 오전 또는 오후를 알맞게 써넣으시오.

1 아침 9시 (　　　　　　　　)　**2** 낮 1시 (　　　　　　　　)

3 저녁 7시 (　　　　　　　　)　**4** 새벽 3시 (　　　　　　　　)

5 밤 10시 (　　　　　　　　)　**6** 새벽 5시 (　　　　　　　　)

7 아침 8시 (　　　　　　　　)　**8** 낮 2시 (　　　　　　　　)

□ 안에 알맞은 수를 써넣으시오.

1 1일=□시간

2 32시간=□일 □시간

3 40시간=□일 □시간

4 2일=□시간

5 51시간=□일 □시간

6 1일 5시간=□시간

7 3일 5시간=□시간

8 75시간=□일 □시간

9 86시간=□일 □시간

10 2일 12시간=□시간

11 5일 2시간=□시간

12 100시간=□일 □시간

 두 시계를 보고 시간이 얼마나 흘렀는지 시간 띠에 나타내어 구하시오.

1

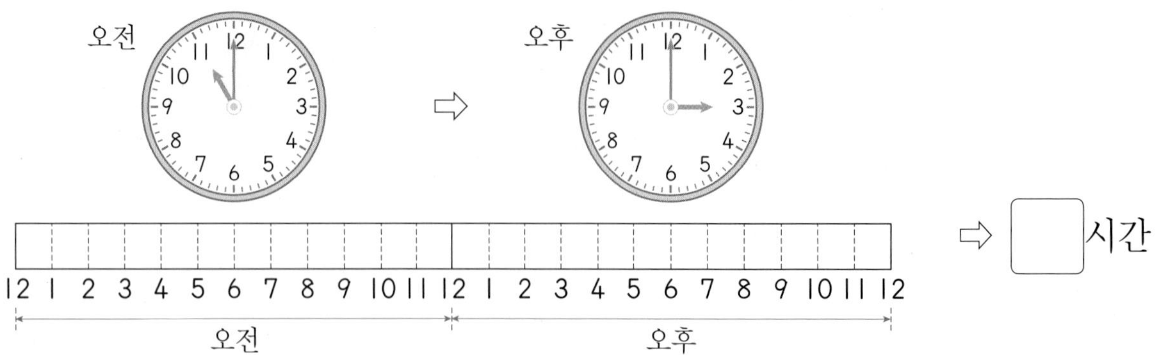

⇨ ☐시간

2

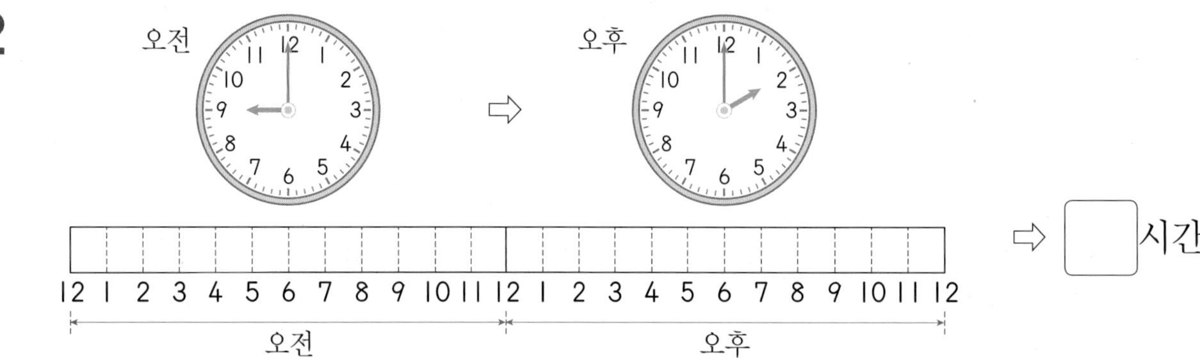

⇨ ☐시간

3

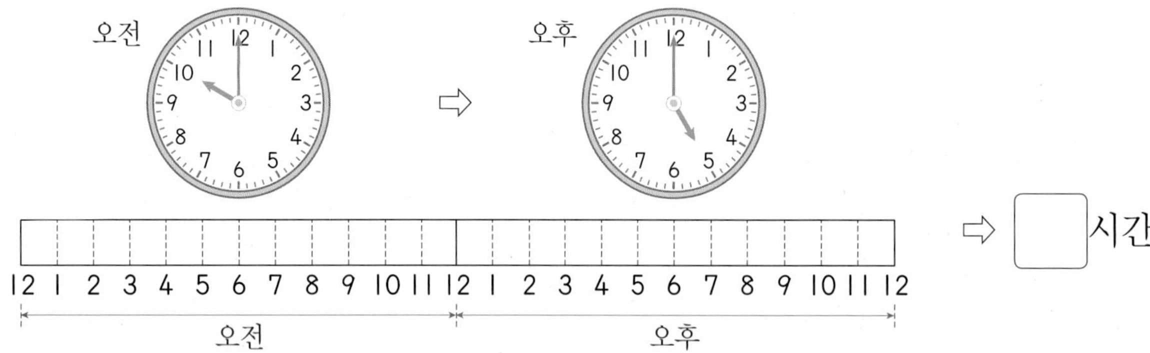

⇨ ☐시간

4

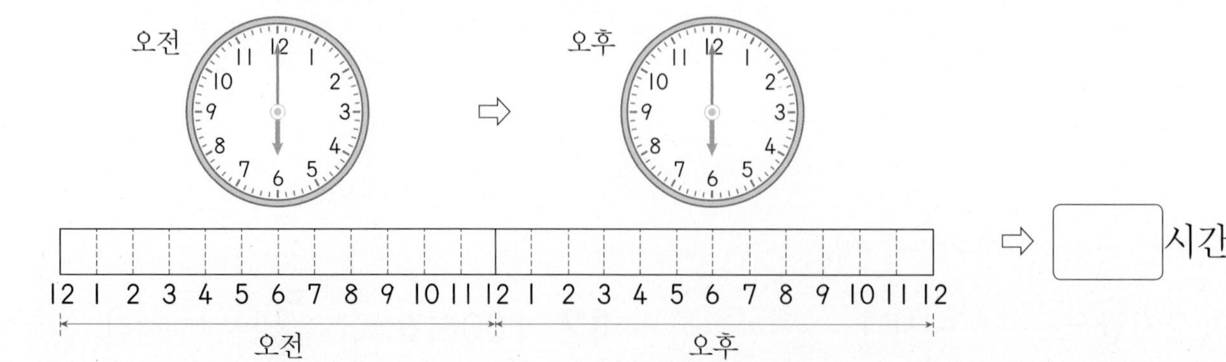

⇨ ☐시간

두 시계를 보고 시간이 얼마나 흘렀는지 구하시오.

1 오전 ⇨ 오후

☐ 시간

2 오전 ⇨ 오후

☐ 시간

3

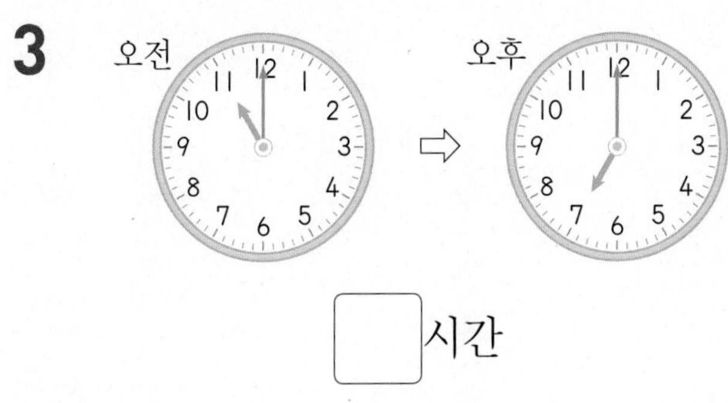

☐ 시간

4

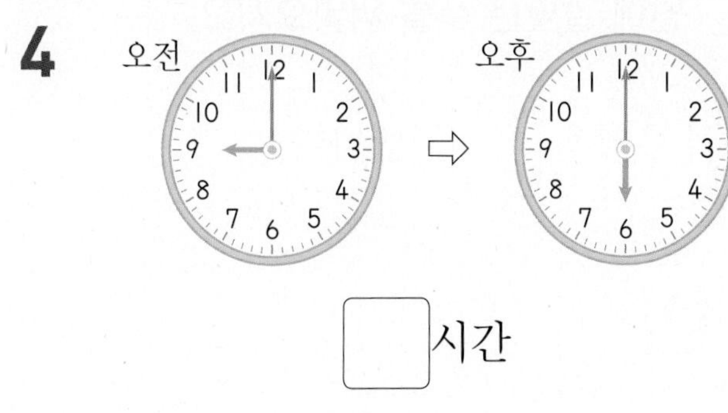

☐ 시간

5

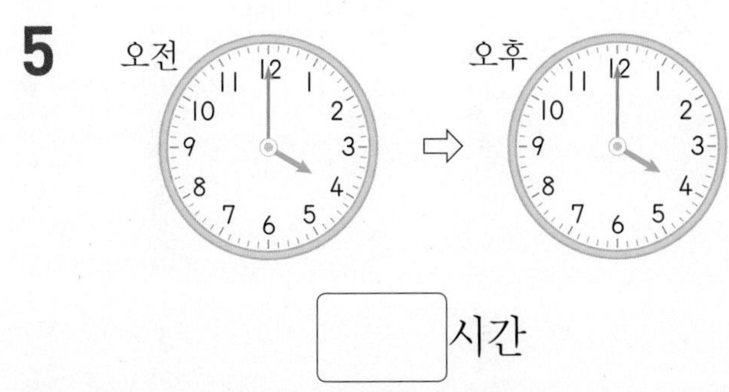

☐ 시간

6

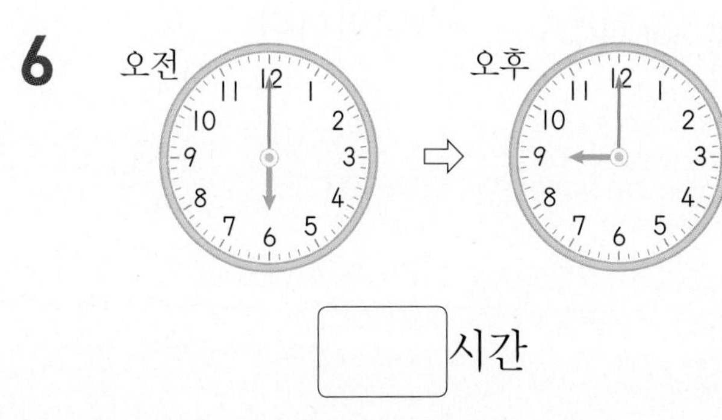

☐ 시간

7 오전 ⇨ 오후

☐ 시간

8

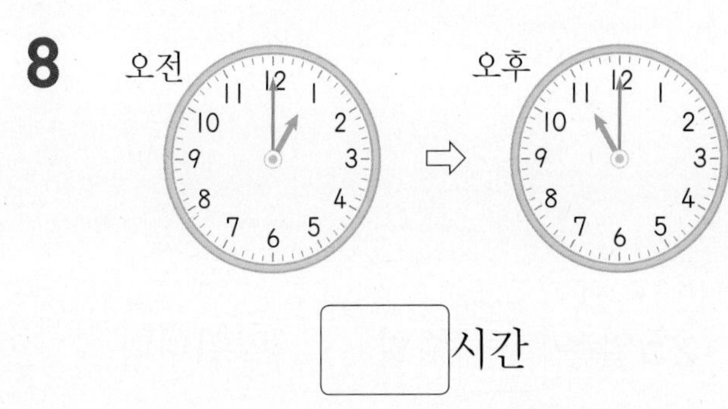

☐ 시간

6 달력 알아보기

- 1주일=7일
- 1년=12개월
- 각 달의 날수

월	1	2	3	4	5	6	7	8	9	10	11	12
날수(일)	31	28(29)	31	30	31	30	31	31	30	31	30	31

□ 안에 알맞은 수를 써넣으시오.

1 1주일은 □일입니다.

2 1년은 □개월입니다.

3 14일은 □주일입니다.

4 2년은 □개월입니다.

5 3주일은 □일입니다.

6 30개월은 □년 □개월입니다.

7 25일은 □주일 □일입니다.

8 3년 2개월은 □개월입니다.

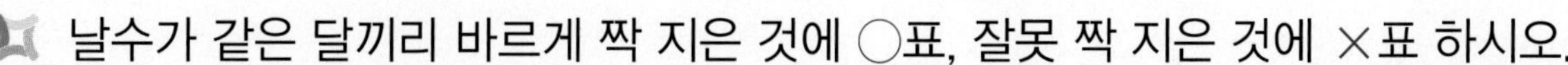

날수가 같은 달끼리 바르게 짝 지은 것에 ○표, 잘못 짝 지은 것에 ×표 하시오.

1 1월, 12월

( )

2 6월, 7월

( )

3 2월, 8월

( )

4 3월, 10월

( )

5 7월, 8월

( )

6 6월, 11월

( )

7 5월, 11월

( )

8 1월, 4월

( )

9 8월, 10월

( )

10 4월, 12월

( )

달력을 완성하시오.

1

1월

일	월	화	수	목	금	토
				5		
		10		12		
15						21
			25		27	

2

4월

일	월	화	수	목	금	토
		4			7	
	10			13		
16					21	
			26			

3

6월

일	월	화	수	목	금	토
				4		
		9				
14					19	20
			24			

4

8월

일	월	화	수	목	금	토
	6					
			15		17	
19						
		28				

5

5월

일	월	화	수	목	금	토
				7		
10						
			20			
			27			30

6

12월

일	월	화	수	목	금	토
				3		
		8			11	
20						
		29				

다음에서 설명하는 날을 구하시오.

1 1월의 마지막 날

□월 □일

2 4월의 마지막 날

□월 □일

3 11월의 마지막 날

□월 □일

4 12월의 마지막 날

□월 □일

5 5월 15일의 1주일 후

□월 □일

6 8월 9일의 1주일 후

□월 □일

7 9월 7일의 2주일 후

□월 □일

8 7월 3일의 3주일 후

□월 □일

9 6월 14일의 1주일 전

□월 □일

10 2월 28일의 2주일 전

□월 □일

시각과 시간

잘 틀리는 계산 연습 거울에 비친 시계의 시각 읽기

거울에 비친 시계는 시계의 오른쪽과 왼쪽이 바뀝니다.

짧은바늘: 5와 6 사이 ⇨ 5시 ■분
긴바늘: 9 ⇨ 5시 45분

거울에 비친 시계가 가리키는 시각을 읽으시오.

1

□시 □분

2

□시 □분

3

□시 □분

4

□시 □분

5

□시 □분

6

□시 □분

잘 틀리는 **계산 연습**

몇 시간 몇 분 후의 시각 구하기

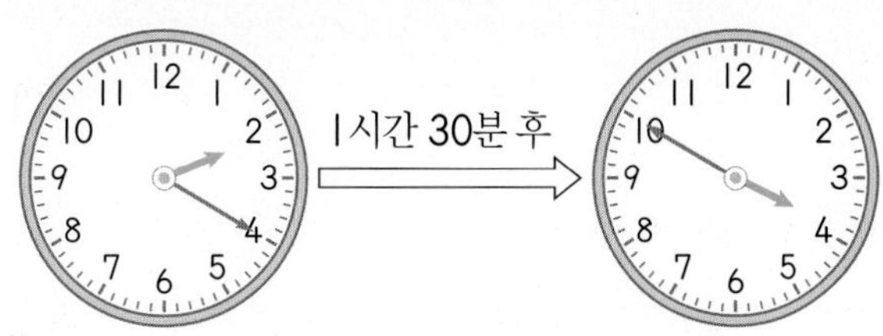

2시 20분 ⟹(1시간 후) 3시 20분 ⟹(30분 후) 3시 50분 → 짧은바늘: 3과 4 사이, 긴바늘: 10

오른쪽 시계에 알맞게 시곗바늘을 그려 넣으시오.

1

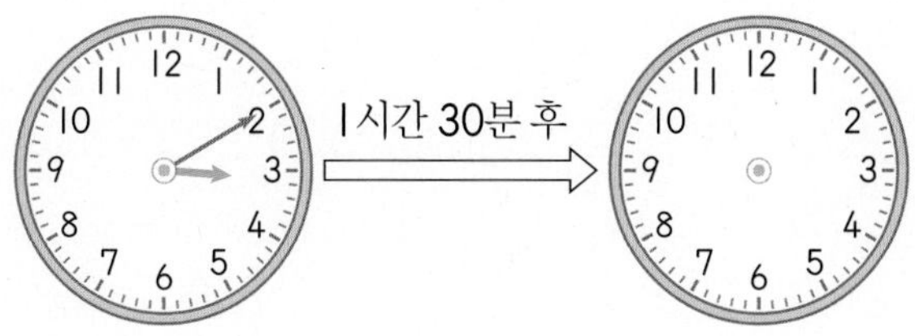

2

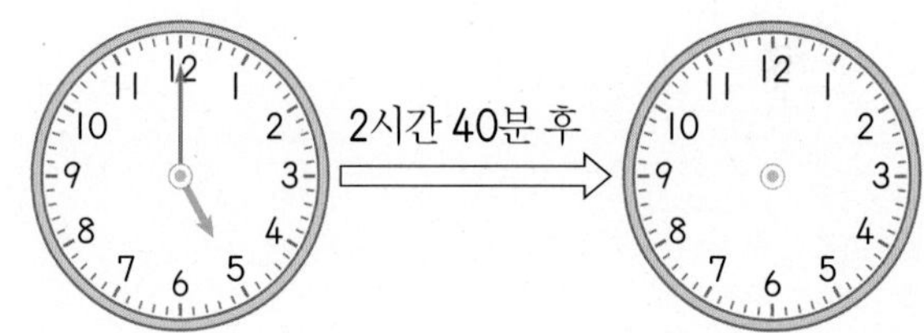

3

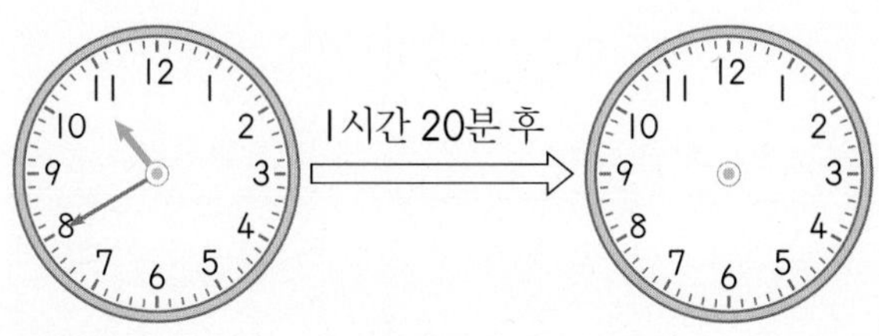

4

5

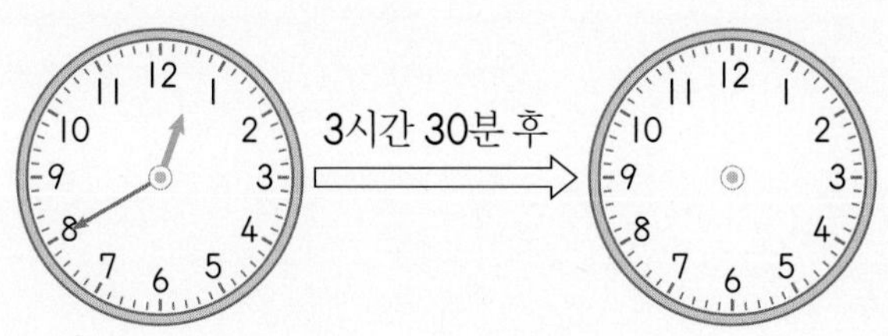

6

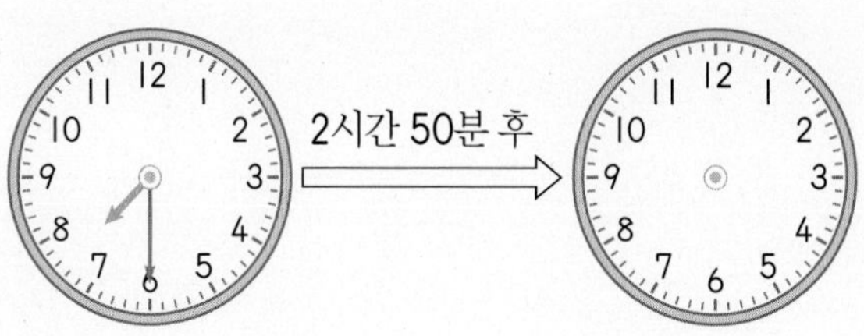

Memo

우등생 수학 연산력 문제집

정답

2-2

연산력 문제집 정답

2~3쪽

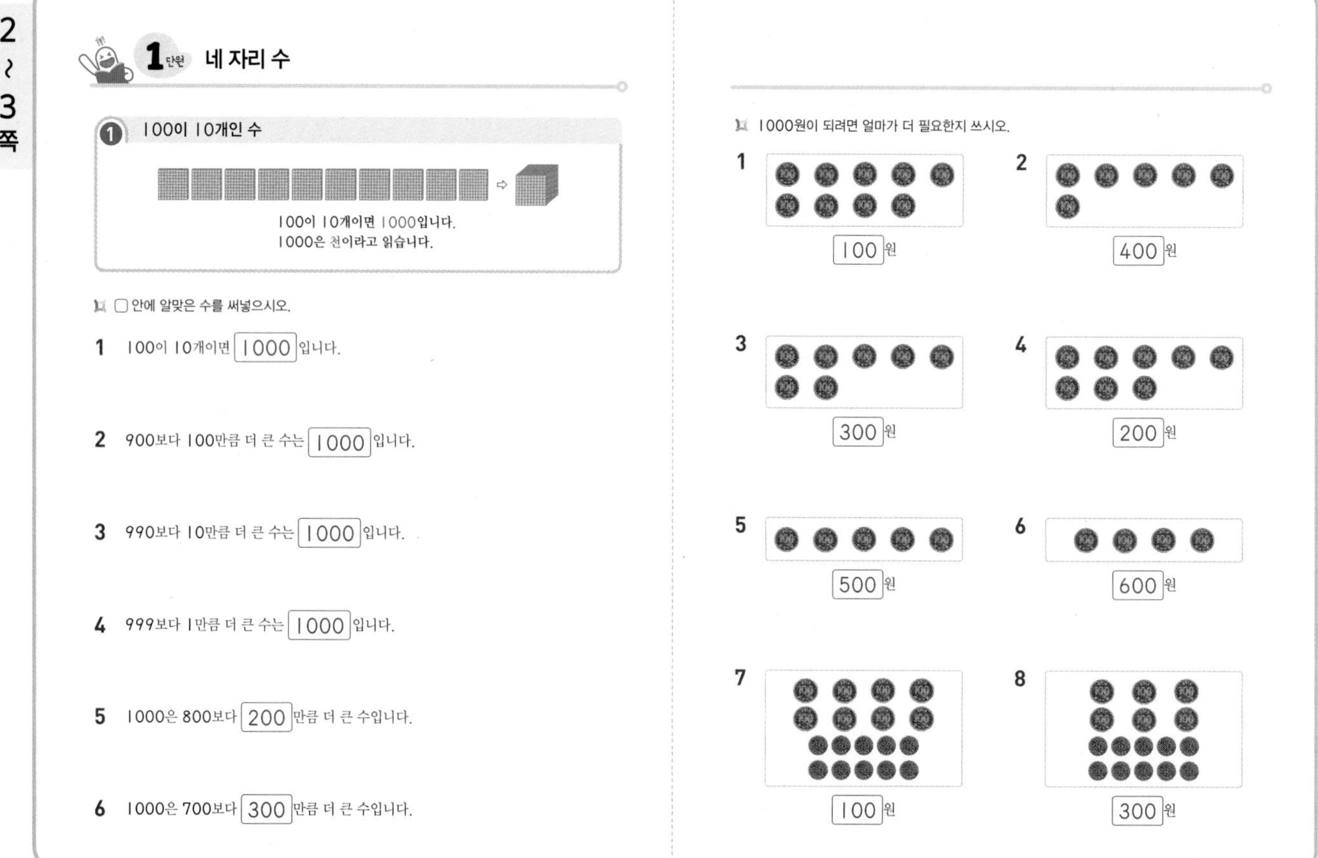

1단원 네 자리 수

1 100이 10개인 수

100이 10개이면 1000입니다.
1000은 천이라고 읽습니다.

□ 안에 알맞은 수를 써넣으시오.

1 100이 10개이면 [1000]입니다.

2 900보다 100만큼 더 큰 수는 [1000]입니다.

3 990보다 10만큼 더 큰 수는 [1000]입니다.

4 999보다 1만큼 더 큰 수는 [1000]입니다.

5 1000은 800보다 [200]만큼 더 큰 수입니다.

6 1000은 700보다 [300]만큼 더 큰 수입니다.

1000원이 되려면 얼마가 더 필요한지 쓰시오.

1 [100]원

2 [400]원

3 [300]원

4 [200]원

5 [500]원

6 [600]원

7 [100]원

8 [300]원

4~5쪽

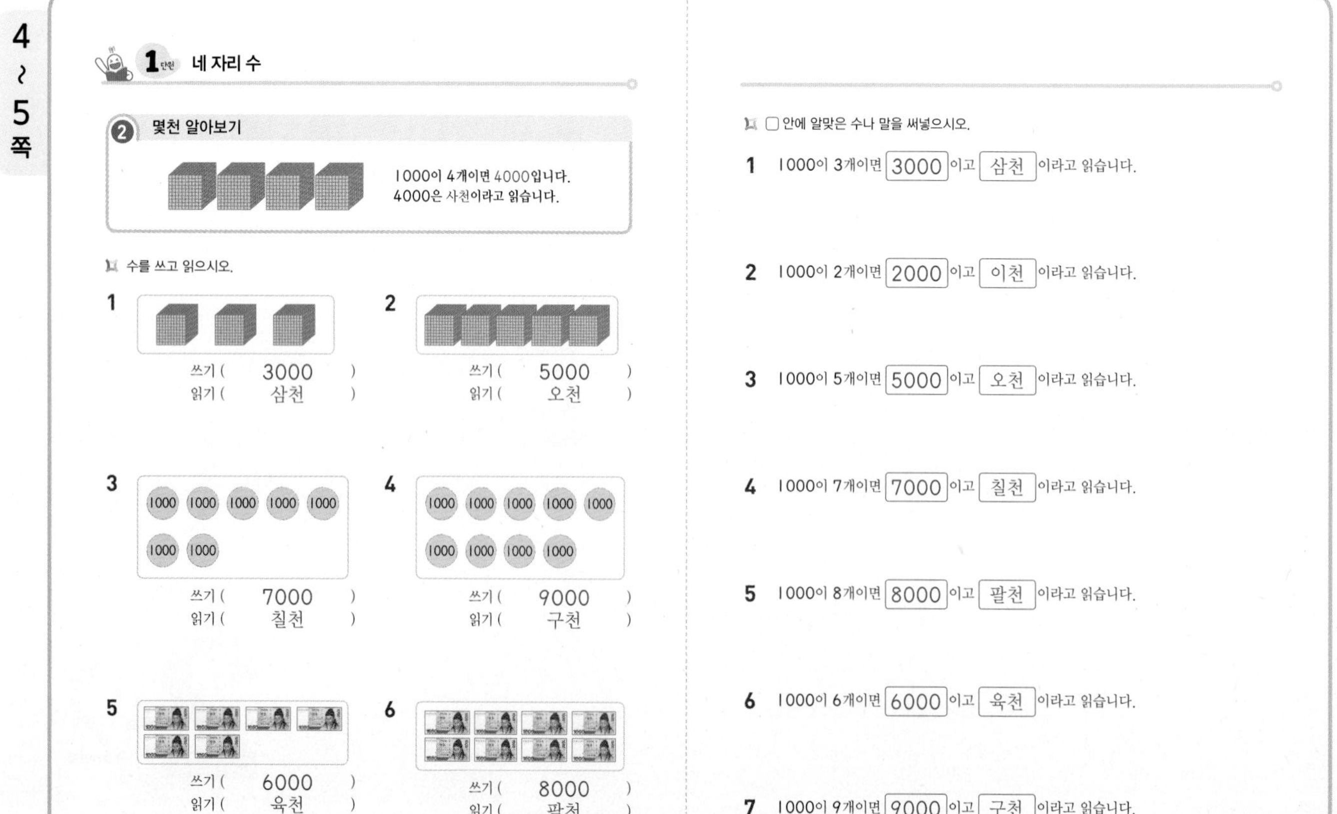

1단원 네 자리 수

2 몇천 알아보기

1000이 4개이면 4000입니다.
4000은 사천이라고 읽습니다.

수를 쓰고 읽으시오.

1 쓰기 (3000) 읽기 (삼천)

2 쓰기 (5000) 읽기 (오천)

3 쓰기 (7000) 읽기 (칠천)

4 쓰기 (9000) 읽기 (구천)

5 쓰기 (6000) 읽기 (육천)

6 쓰기 (8000) 읽기 (팔천)

□ 안에 알맞은 수나 말을 써넣으시오.

1 1000이 3개이면 [3000]이고 [삼천]이라고 읽습니다.

2 1000이 2개이면 [2000]이고 [이천]이라고 읽습니다.

3 1000이 5개이면 [5000]이고 [오천]이라고 읽습니다.

4 1000이 7개이면 [7000]이고 [칠천]이라고 읽습니다.

5 1000이 8개이면 [8000]이고 [팔천]이라고 읽습니다.

6 1000이 6개이면 [6000]이고 [육천]이라고 읽습니다.

7 1000이 9개이면 [9000]이고 [구천]이라고 읽습니다.

6~7쪽

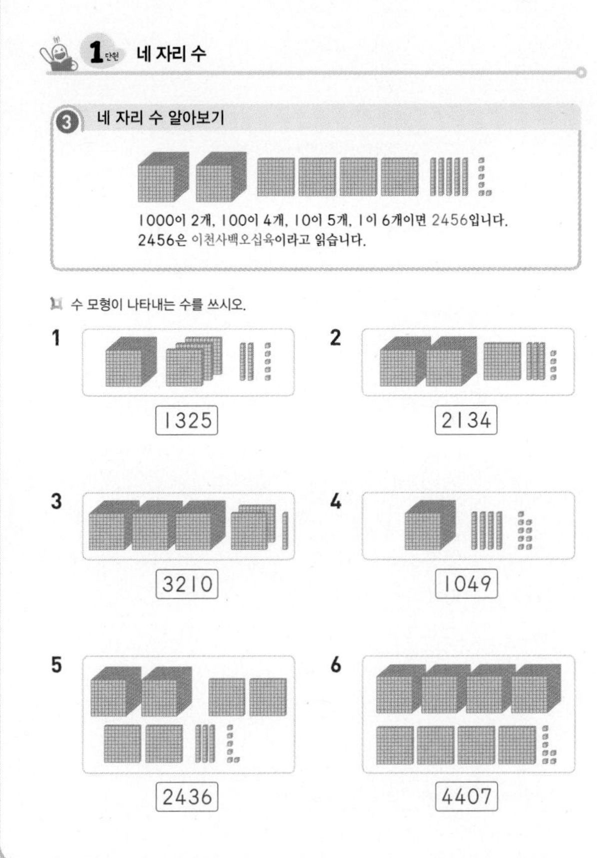

1단원 네 자리 수

③ 네 자리 수 알아보기

1000이 2개, 100이 4개, 10이 5개, 1이 6개이면 2456입니다.
2456은 이천사백오십육이라고 읽습니다.

수 모형이 나타내는 수를 쓰시오.

1 1325

2 2134

3 3210

4 1049

5 2436

6 4407

수를 읽으시오.

1 2438 (이천사백삼십팔)

2 3724 (삼천칠백이십사)

3 5947 (오천구백사십칠)

4 4856 (사천팔백오십육)

5 1725 (천칠백이십오)

6 6409 (육천사백구)

7 3861 (삼천팔백육십일)

8 8529 (팔천오백이십구)

9 2930 (이천구백삼십)

10 7024 (칠천이십사)

8~9쪽

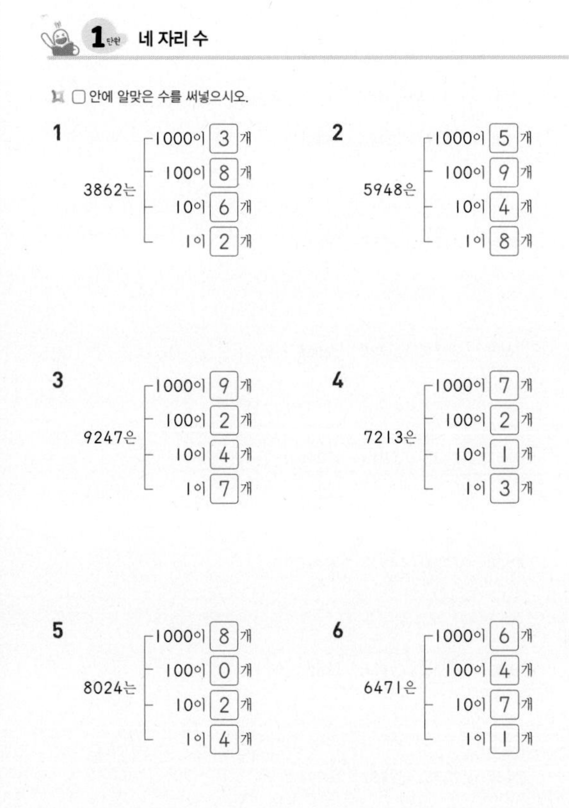

1단원 네 자리 수

□ 안에 알맞은 수를 써넣으시오.

1 3862는 1000이 3개, 100이 8개, 10이 6개, 1이 2개

2 5948은 1000이 5개, 100이 9개, 10이 4개, 1이 8개

3 9247은 1000이 9개, 100이 2개, 10이 4개, 1이 7개

4 7213은 1000이 7개, 100이 2개, 10이 1개, 1이 3개

5 8024는 1000이 8개, 100이 0개, 10이 2개, 1이 4개

6 6471은 1000이 6개, 100이 4개, 10이 7개, 1이 1개

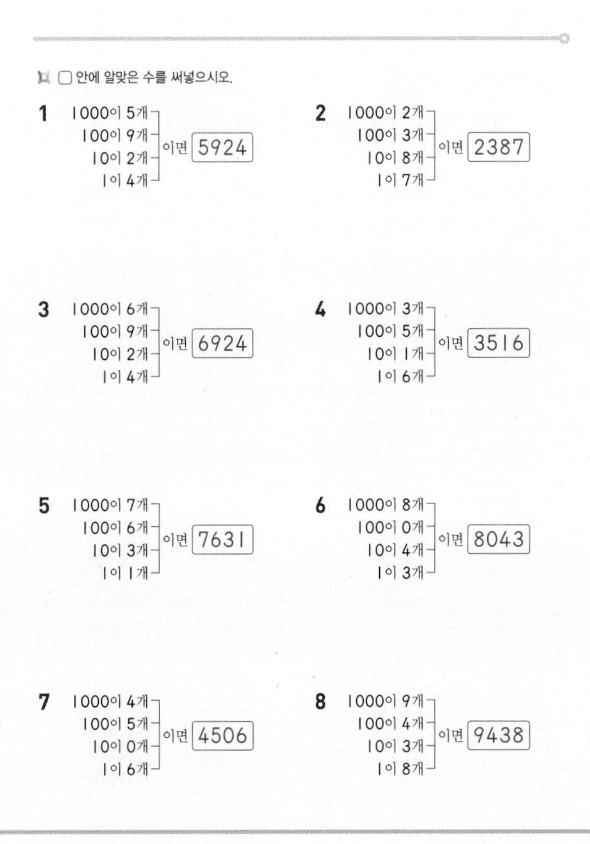

□ 안에 알맞은 수를 써넣으시오.

1 1000이 5개, 100이 9개, 10이 2개, 1이 4개이면 5924

2 1000이 2개, 100이 3개, 10이 8개, 1이 7개이면 2387

3 1000이 6개, 100이 9개, 10이 2개, 1이 4개이면 6924

4 1000이 3개, 100이 5개, 10이 1개, 1이 6개이면 3516

5 1000이 7개, 100이 6개, 10이 3개, 1이 1개이면 7631

6 1000이 8개, 100이 0개, 10이 4개, 1이 3개이면 8043

7 1000이 4개, 100이 5개, 10이 0개, 1이 6개이면 4506

8 1000이 9개, 100이 4개, 10이 3개, 1이 8개이면 9438

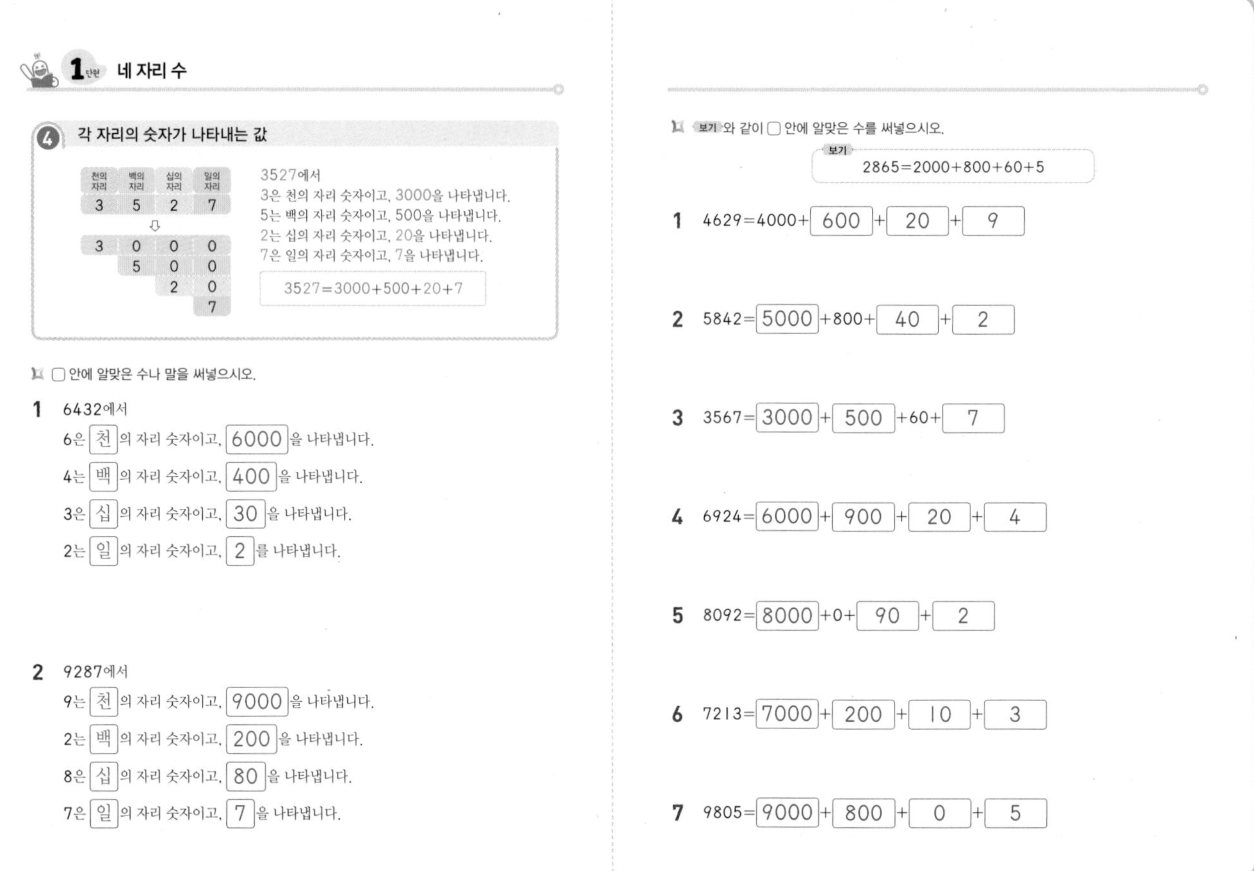

10 ~ 11쪽

1단원 네 자리 수

4 각 자리의 숫자가 나타내는 값

천의 자리	백의 자리	십의 자리	일의 자리
3	5	2	7
3	0	0	0
	5	0	0
		2	0
			7

3527에서
3은 천의 자리 숫자이고, 3000을 나타냅니다.
5는 백의 자리 숫자이고, 500을 나타냅니다.
2는 십의 자리 숫자이고, 20을 나타냅니다.
7은 일의 자리 숫자이고, 7을 나타냅니다.

3527=3000+500+20+7

□ 안에 알맞은 수나 말을 써넣으시오.

1 6432에서
6은 천 의 자리 숫자이고, 6000 을 나타냅니다.
4는 백 의 자리 숫자이고, 400 을 나타냅니다.
3은 십 의 자리 숫자이고, 30 을 나타냅니다.
2는 일 의 자리 숫자이고, 2 를 나타냅니다.

2 9287에서
9는 천 의 자리 숫자이고, 9000 을 나타냅니다.
2는 백 의 자리 숫자이고, 200 을 나타냅니다.
8은 십 의 자리 숫자이고, 80 을 나타냅니다.
7은 일 의 자리 숫자이고, 7 을 나타냅니다.

보기 와 같이 □ 안에 알맞은 수를 써넣으시오.

보기: 2865=2000+800+60+5

1 4629=4000+ 600 + 20 + 9
2 5842= 5000 +800+ 40 + 2
3 3567= 3000 + 500 +60+ 7
4 6924= 6000 + 900 + 20 + 4
5 8092= 8000 +0+ 90 + 2
6 7213= 7000 + 200 + 10 + 3
7 9805= 9000 + 800 + 0 + 5

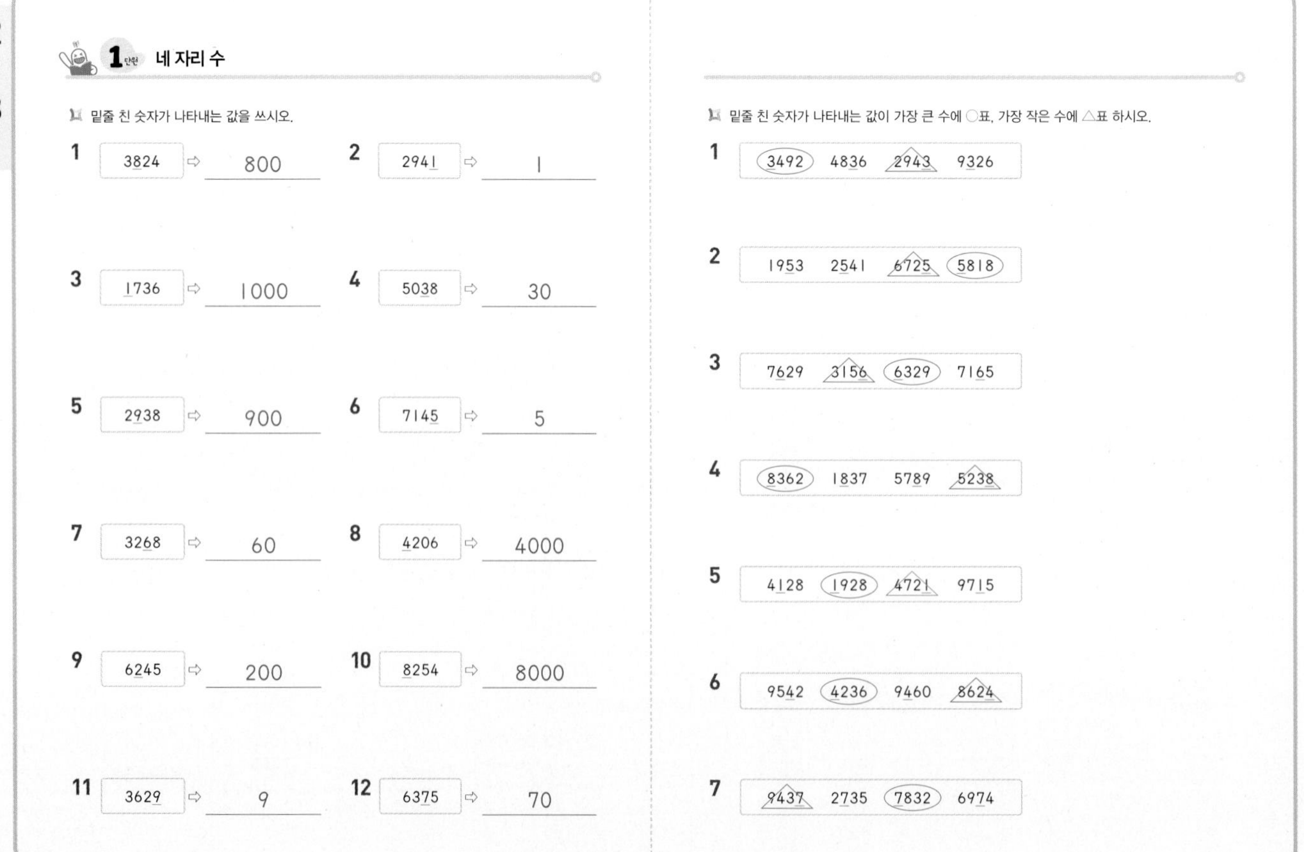

12 ~ 13쪽

1단원 네 자리 수

밑줄 친 숫자가 나타내는 값을 쓰시오.

1 3824 ⇨ 800
2 2941 ⇨ 1
3 1736 ⇨ 1000
4 5038 ⇨ 30
5 2938 ⇨ 900
6 7145 ⇨ 5
7 3268 ⇨ 60
8 4206 ⇨ 4000
9 6245 ⇨ 200
10 8254 ⇨ 8000
11 3629 ⇨ 9
12 6375 ⇨ 70

밑줄 친 숫자가 나타내는 값이 가장 큰 수에 ○표, 가장 작은 수에 △표 하시오.

1 3492(○) 4836 2943(△) 9326
2 1953 2541 6725(△) 5818(○)
3 7629 3156(△) 6329(○) 7165
4 8362(○) 1837 5789 5238(△)
5 4128 1928(○) 4721(△) 9715
6 9542 4236(○) 9460 8624(△)
7 9437(△) 2735 7832(○) 6974

14 ~ 15 쪽

1단원 네 자리 수

⑤ 1000씩, 100씩 뛰어 세기

✱ 1000씩 뛰어 세기

1500 – 2500 – 3500 – 4500 – 5500 – 6500

⇨ 1000씩 뛰어 세면 천의 자리 수가 1씩 커집니다.

✱ 100씩 뛰어 세기

3250 – 3350 – 3450 – 3550 – 3650 – 3750

⇨ 100씩 뛰어 세면 백의 자리 수가 1씩 커집니다.

빈칸에 알맞은 수를 써넣으시오.

1 2136 – 3136 – 4136 – 5136 – 6136 – 7136

2 4358 – 4458 – 4558 – 4658 – 4758 – 4858

3 7485 – 7585 – 7685 – 7785 – 7885 – 7985

4 3904 – 4904 – 5904 – 6904 – 7904 – 8904

5 2680 – 2780 – 2880 – 2980 – 3080 – 3180

⑥ 10씩, 1씩 뛰어 세기

✱ 10씩 뛰어 세기

3520 – 3530 – 3540 – 3550 – 3560 – 3570

⇨ 10씩 뛰어 세면 십의 자리 수가 1씩 커집니다.

✱ 1씩 뛰어 세기

4723 – 4724 – 4725 – 4726 – 4727 – 4728

⇨ 1씩 뛰어 세면 일의 자리 수가 1씩 커집니다.

빈칸에 알맞은 수를 써넣으시오.

1 3826 – 3836 – 3846 – 3856 – 3866 – 3876

2 5092 – 5093 – 5094 – 5095 – 5096 – 5097

3 1364 – 1365 – 1366 – 1367 – 1368 – 1369

4 6732 – 6742 – 6752 – 6762 – 6772 – 6782

5 2468 – 2469 – 2470 – 2471 – 2472 – 2473

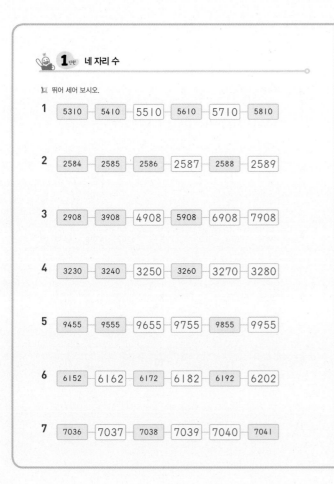

16 ~ 17 쪽

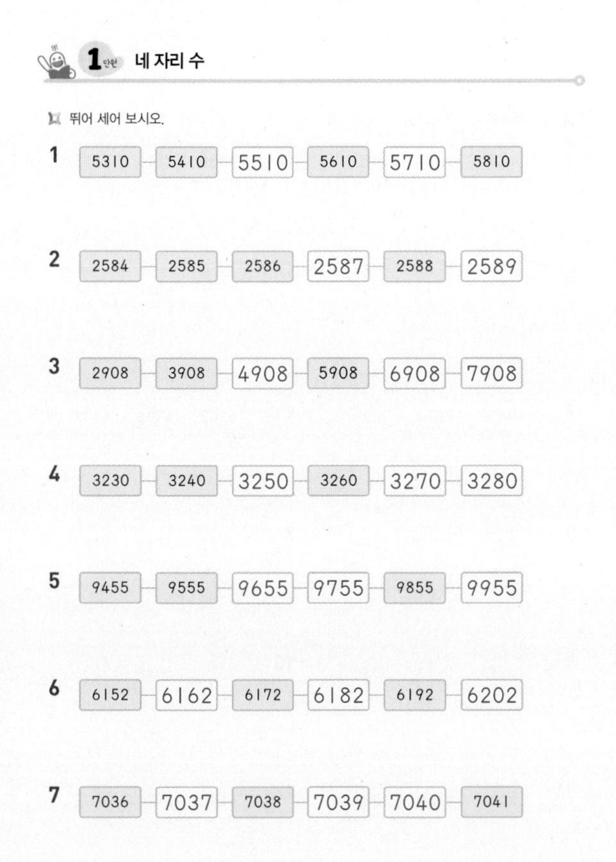

1단원 네 자리 수

뛰어 세어 보시오.

1 5310 – 5410 – 5510 – 5610 – 5710 – 5810

2 2584 – 2585 – 2586 – 2587 – 2588 – 2589

3 2908 – 3908 – 4908 – 5908 – 6908 – 7908

4 3230 – 3240 – 3250 – 3260 – 3270 – 3280

5 9455 – 9555 – 9655 – 9755 – 9855 – 9955

6 6152 – 6162 – 6172 – 6182 – 6192 – 6202

7 7036 – 7037 – 7038 – 7039 – 7040 – 7041

거꾸로 뛰어 세어 보시오.

1 9150 – 8150 – 7150 – 6150 – 5150 – 4150

2 6805 – 6804 – 6803 – 6802 – 6801 – 6800

3 2700 – 2600 – 2500 – 2400 – 2300 – 2200

4 7061 – 7051 – 7041 – 7031 – 7021 – 7011

5 5728 – 5727 – 5726 – 5725 – 5724 – 5723

6 4560 – 4460 – 4360 – 4260 – 4160 – 4060

7 8592 – 8582 – 8572 – 8562 – 8552 – 8542

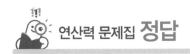

18~19쪽

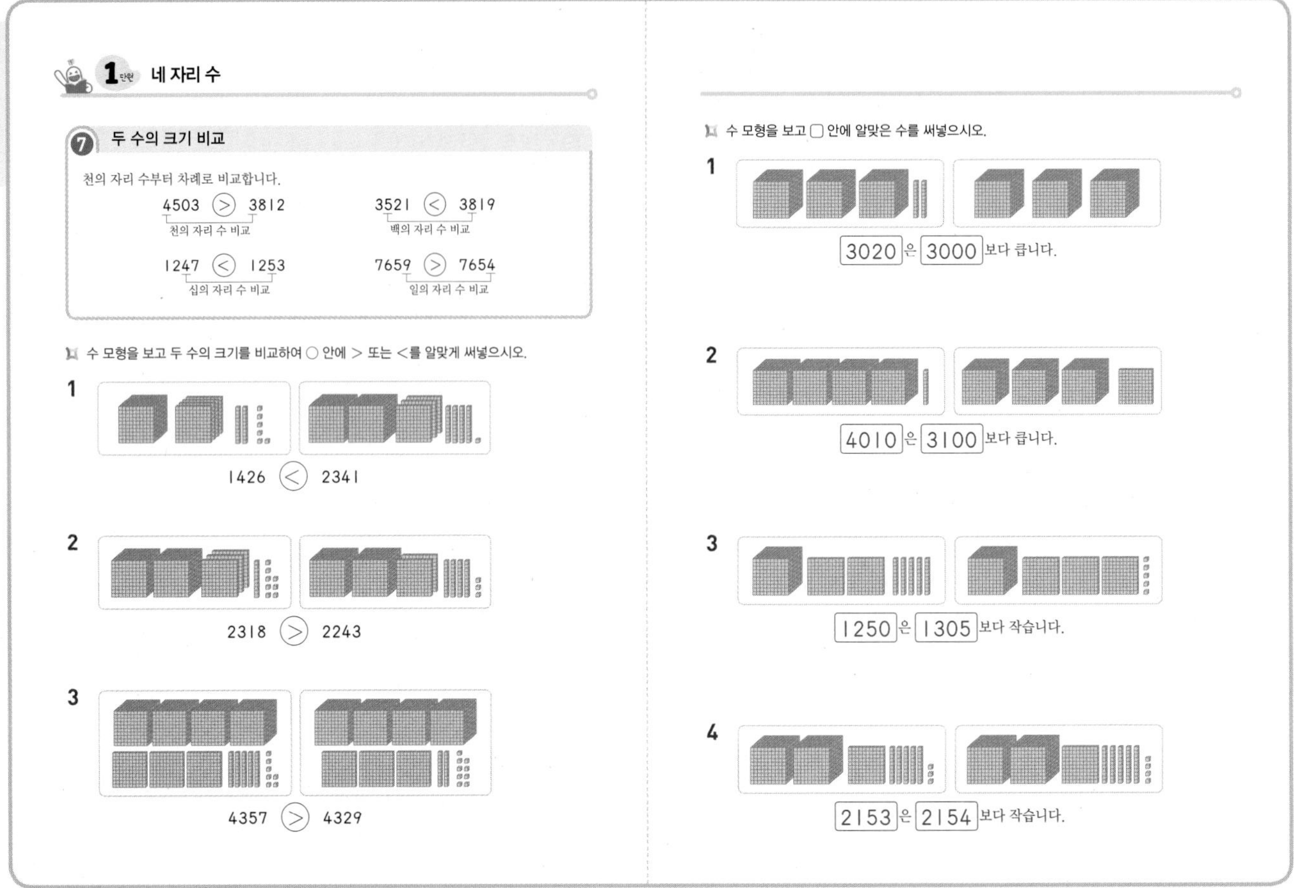

1단원 네 자리 수

7 두 수의 크기 비교

천의 자리 수부터 차례로 비교합니다.

4503 (>) 3812 — 천의 자리 수 비교

3521 (<) 3819 — 백의 자리 수 비교

1247 (<) 1253 — 십의 자리 수 비교

7659 (>) 7654 — 일의 자리 수 비교

수 모형을 보고 두 수의 크기를 비교하여 ○ 안에 > 또는 <를 알맞게 써넣으시오.

1 1426 (<) 2341

2 2318 (>) 2243

3 4357 (>) 4329

수 모형을 보고 □ 안에 알맞은 수를 써넣으시오.

1 [3020]은 [3000]보다 큽니다.

2 [4010]은 [3100]보다 큽니다.

3 [1250]은 [1305]보다 작습니다.

4 [2153]은 [2154]보다 작습니다.

20~21쪽

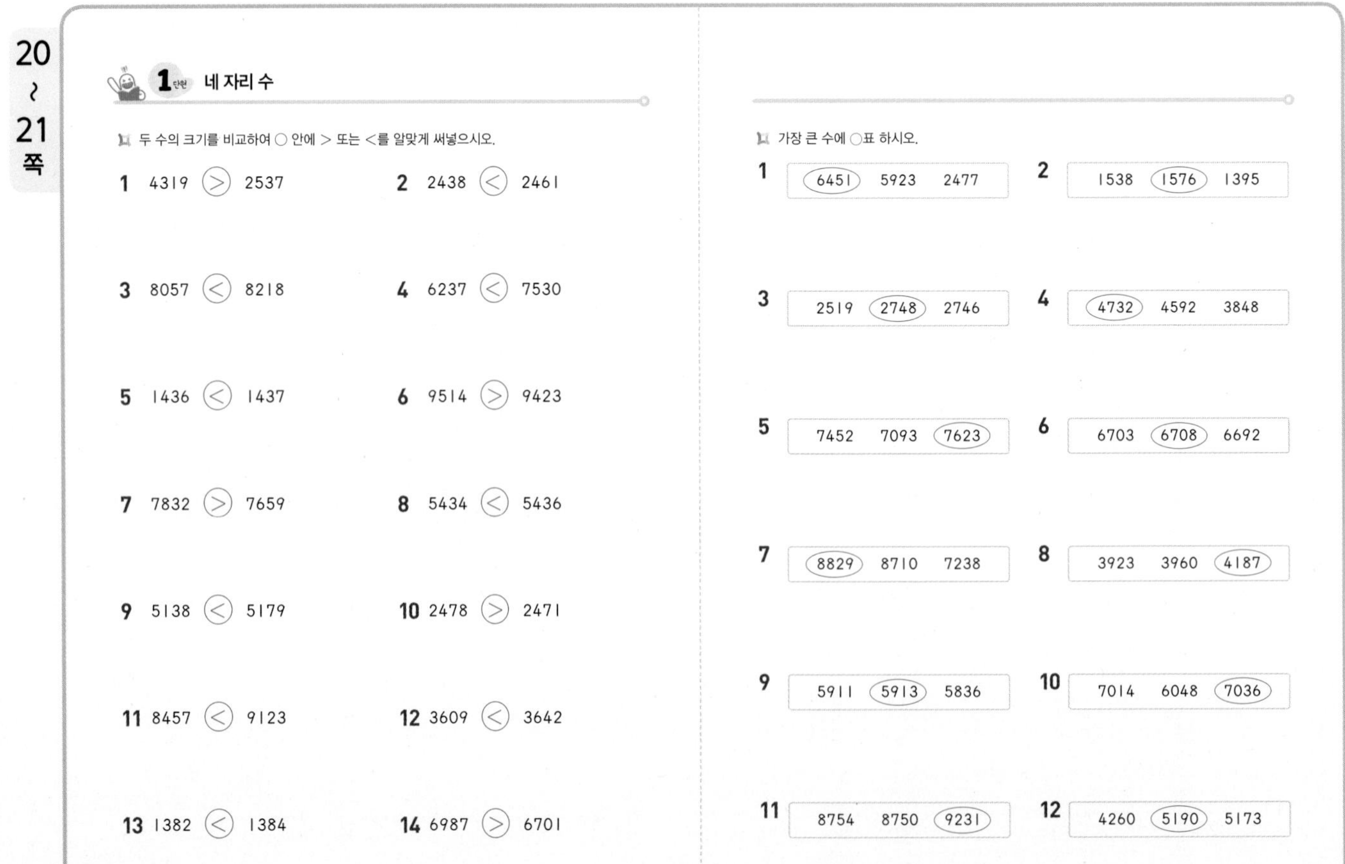

1단원 네 자리 수

두 수의 크기를 비교하여 ○ 안에 > 또는 <를 알맞게 써넣으시오.

1 4319 (>) 2537

2 2438 (<) 2461

3 8057 (<) 8218

4 6237 (<) 7530

5 1436 (<) 1437

6 9514 (>) 9423

7 7832 (>) 7659

8 5434 (<) 5436

9 5138 (<) 5179

10 2478 (>) 2471

11 8457 (<) 9123

12 3609 (<) 3642

13 1382 (<) 1384

14 6987 (>) 6701

가장 큰 수에 ○표 하시오.

1 (6451) 5923 2477

2 1538 (1576) 1395

3 2519 (2748) 2746

4 (4732) 4592 3848

5 7452 7093 (7623)

6 6703 (6708) 6692

7 (8829) 8710 7238

8 3923 3960 (4187)

9 5911 (5913) 5836

10 7014 6048 (7036)

11 8754 8750 (9231)

12 4260 (5190) 5173

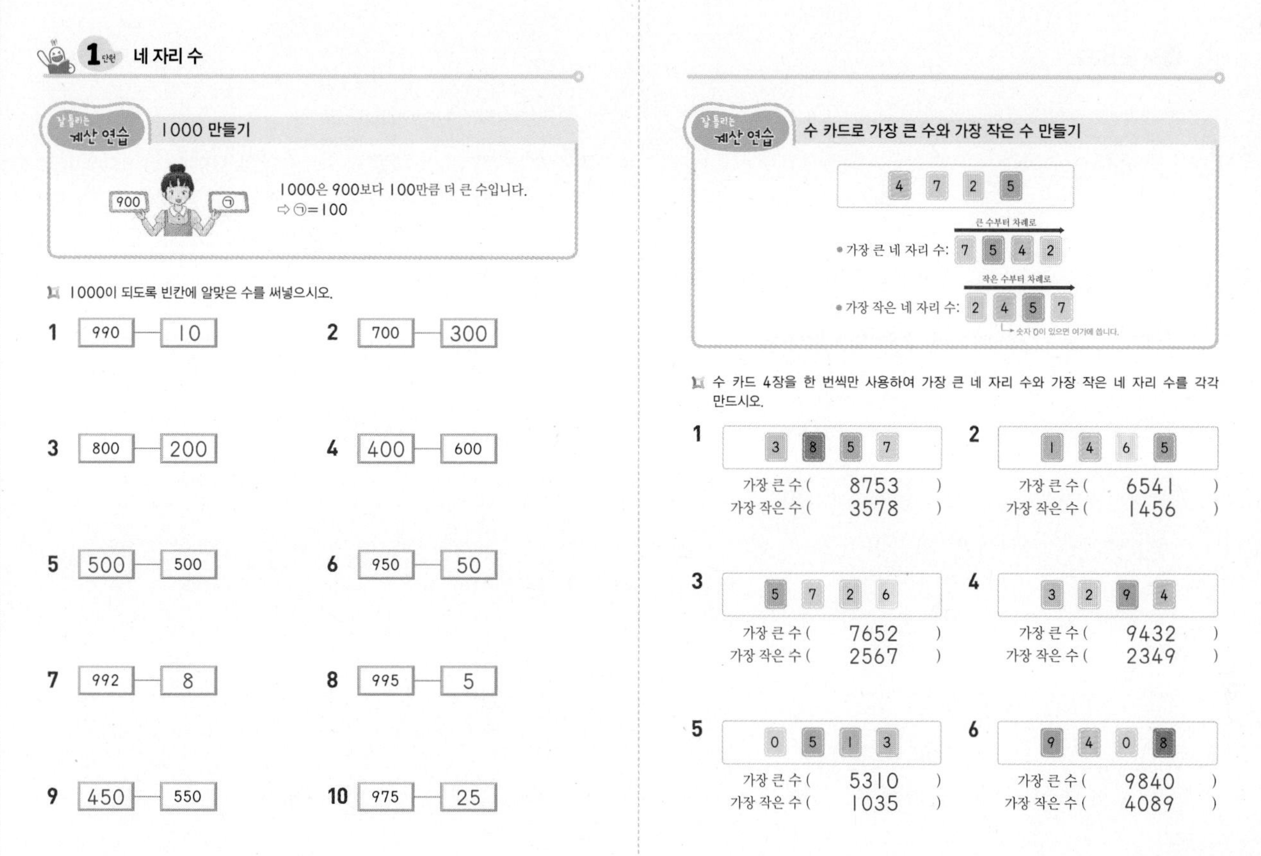

1단원 네 자리 수

계산 연습 1000 만들기

1000은 900보다 100만큼 더 큰 수입니다.
⇨ ㉠=100

1000이 되도록 빈칸에 알맞은 수를 써넣으시오.

1. 990 — 10
2. 700 — 300
3. 800 — 200
4. 400 — 600
5. 500 — 500
6. 950 — 50
7. 992 — 8
8. 995 — 5
9. 450 — 550
10. 975 — 25

계산 연습 수 카드로 가장 큰 수와 가장 작은 수 만들기

4 7 2 5

• 가장 큰 네 자리 수: 7 5 4 2 (큰 수부터 차례로)
• 가장 작은 네 자리 수: 2 4 5 7 (작은 수부터 차례로)
└ 숫자 0이 있으면 0을 어기에 씁니다.

수 카드 4장을 한 번씩만 사용하여 가장 큰 네 자리 수와 가장 작은 네 자리 수를 각각 만드시오.

1. 3 8 5 7 — 가장 큰 수 (8753) 가장 작은 수 (3578)
2. 1 4 6 5 — 가장 큰 수 (6541) 가장 작은 수 (1456)
3. 5 7 2 6 — 가장 큰 수 (7652) 가장 작은 수 (2567)
4. 3 2 9 4 — 가장 큰 수 (9432) 가장 작은 수 (2349)
5. 0 5 1 3 — 가장 큰 수 (5310) 가장 작은 수 (1035)
6. 9 4 0 8 — 가장 큰 수 (9840) 가장 작은 수 (4089)

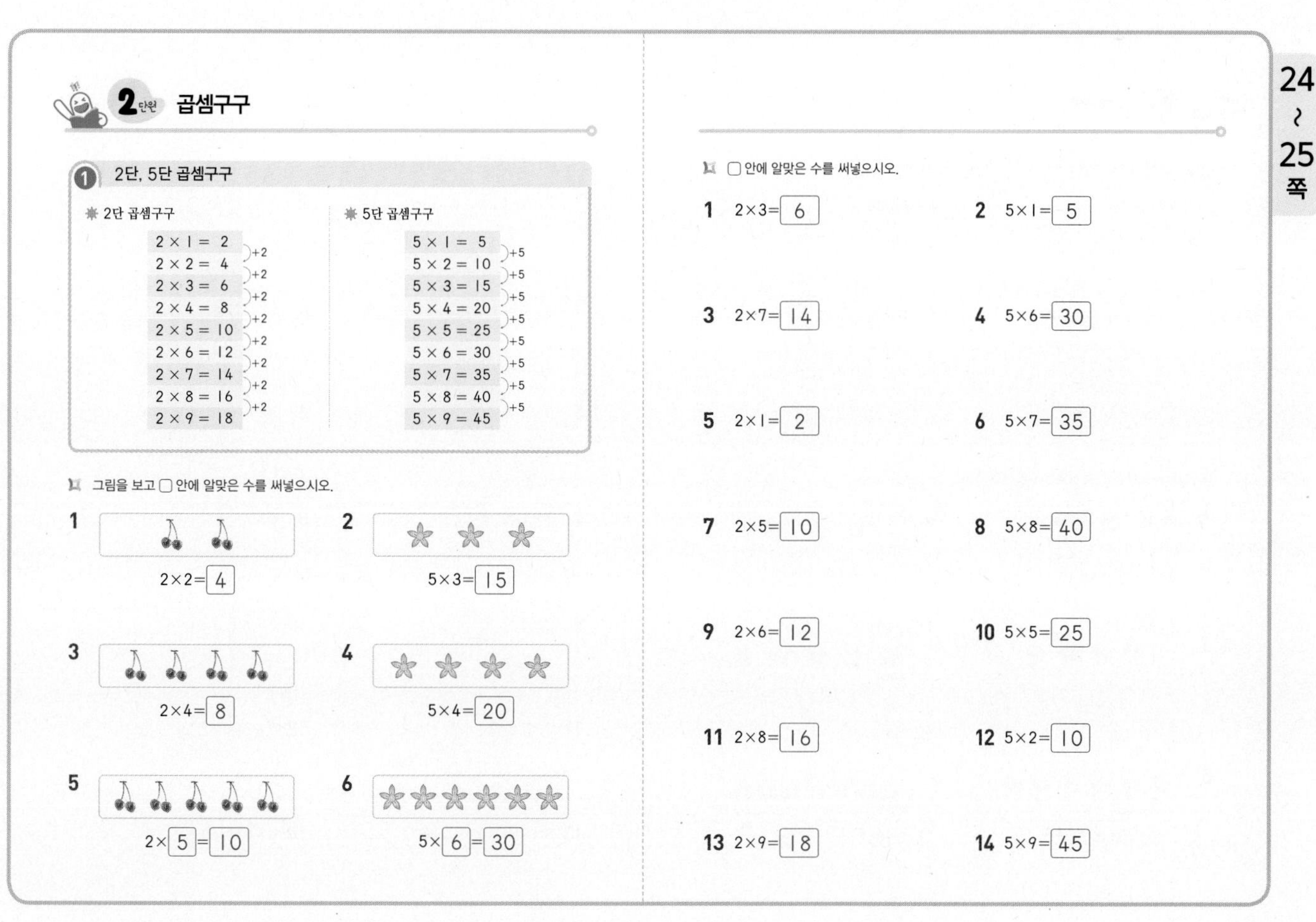

2단원 곱셈구구

1 2단, 5단 곱셈구구

2단 곱셈구구	5단 곱셈구구
2 × 1 = 2	5 × 1 = 5
2 × 2 = 4	5 × 2 = 10
2 × 3 = 6	5 × 3 = 15
2 × 4 = 8	5 × 4 = 20
2 × 5 = 10	5 × 5 = 25
2 × 6 = 12	5 × 6 = 30
2 × 7 = 14	5 × 7 = 35
2 × 8 = 16	5 × 8 = 40
2 × 9 = 18	5 × 9 = 45

(2단: 각각 +2, 5단: 각각 +5)

그림을 보고 □ 안에 알맞은 수를 써넣으시오.

1. 2×2=4
2. 5×3=15
3. 2×4=8
4. 5×4=20
5. 2×5=10
6. 5×6=30

□ 안에 알맞은 수를 써넣으시오.

1. 2×3=6
2. 5×1=5
3. 2×7=14
4. 5×6=30
5. 2×1=2
6. 5×7=35
7. 2×5=10
8. 5×8=40
9. 2×6=12
10. 5×5=25
11. 2×8=16
12. 5×2=10
13. 2×9=18
14. 5×9=45

26~27쪽

2단원 곱셈구구

빈칸에 알맞은 수를 써넣으시오.

1
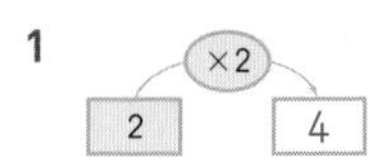

2
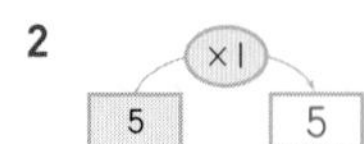

3
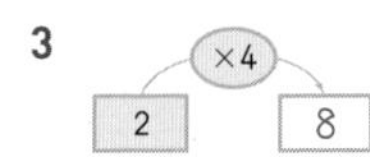

4
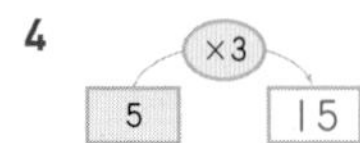

5
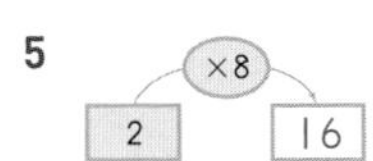

6
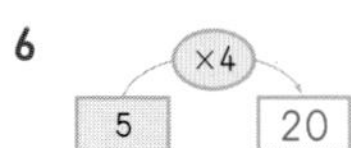

7
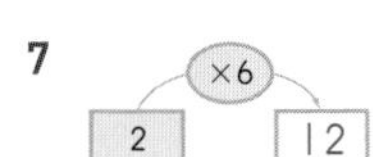

8
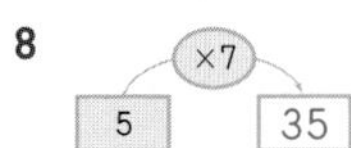

9
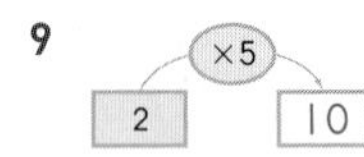

10
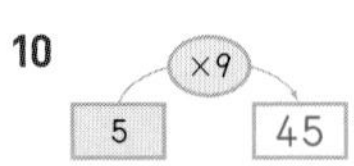

□ 안에 알맞은 수를 써넣으시오.

1 2×3=6　　2 5×5=25

3 2×5=10　　4 5×2=10

5 2×4=8　　6 5×3=15

7 2×6=12　　8 5×9=45

9 2×8=16　　10 5×7=35

11 2×7=14　　12 5×6=30

13 2×9=18　　14 5×8=40

28~29쪽

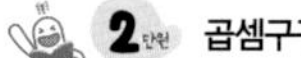

2단원 곱셈구구

❷ 3단, 6단 곱셈구구

✱ 3단 곱셈구구	✱ 6단 곱셈구구
3 × 1 = 3	6 × 1 = 6
3 × 2 = 6	6 × 2 = 12
3 × 3 = 9	6 × 3 = 18
3 × 4 = 12	6 × 4 = 24
3 × 5 = 15	6 × 5 = 30
3 × 6 = 18	6 × 6 = 36
3 × 7 = 21	6 × 7 = 42
3 × 8 = 24	6 × 8 = 48
3 × 9 = 27	6 × 9 = 54

(3단: 각 단계 +3, 6단: 각 단계 +6)

그림을 보고 □ 안에 알맞은 수를 써넣으시오.

1
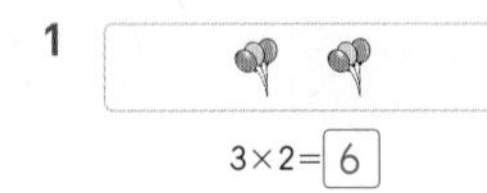
3×2=6

2
6×3=18

3
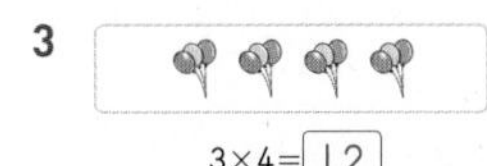
3×4=12

4
6×5=30

5
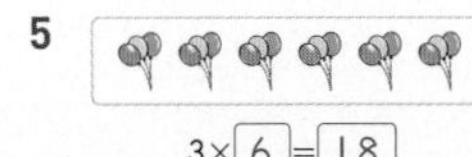
3×6=18

6
6×7=42

□ 안에 알맞은 수를 써넣으시오.

1 3×5=15　　2 6×1=6

3 3×6=18　　4 6×6=36

5 3×8=24　　6 6×8=48

7 3×1=3　　8 6×7=42

9 3×3=9　　10 6×9=54

11 3×7=21　　12 6×2=12

13 3×9=27　　14 6×4=24

30 ~ 31 쪽

곱셈구구

빈칸에 알맞은 수를 써넣으시오.

1
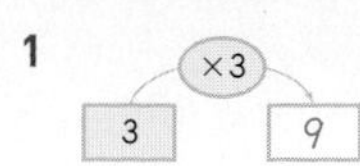

2
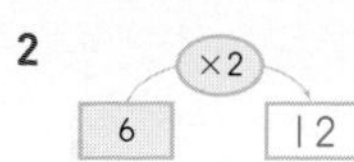

3
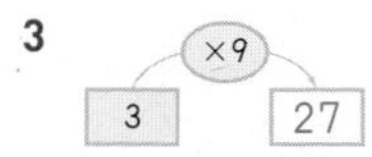

4
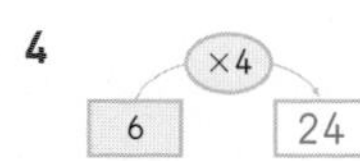

5
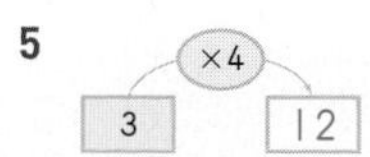

6
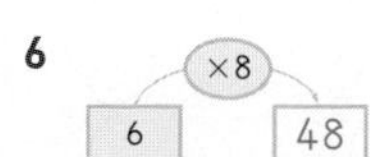

7
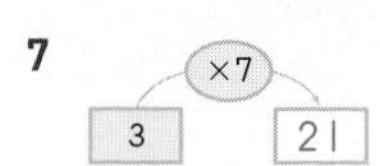

8
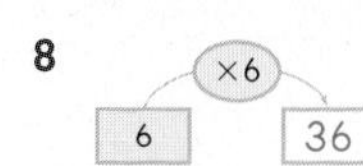

9
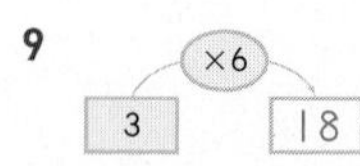

10
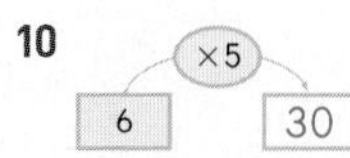

□ 안에 알맞은 수를 써넣으시오.

1 3×[2]=6
2 6×[3]=18
3 3×[5]=15
4 6×[4]=24
5 3×[6]=18
6 6×[6]=36
7 3×[4]=12
8 6×[9]=54
9 3×[9]=27
10 6×[7]=42
11 3×[8]=24
12 6×[5]=30
13 3×[7]=21
14 6×[8]=48

32 ~ 33 쪽

곱셈구구

3 4단, 8단 곱셈구구

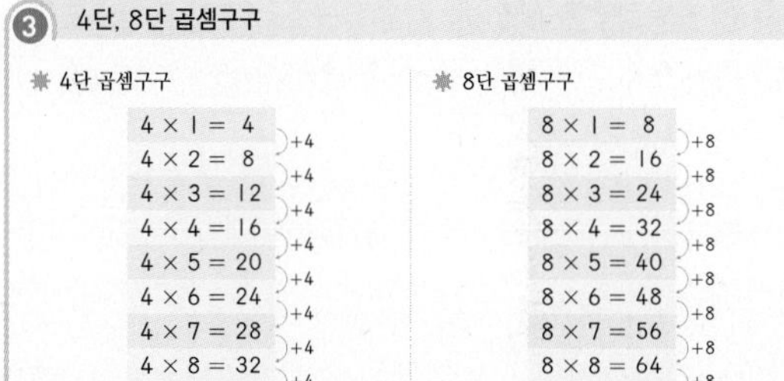

4단 곱셈구구

4단 곱셈구구	
4 × 1 = 4	
4 × 2 = 8	+4
4 × 3 = 12	+4
4 × 4 = 16	+4
4 × 5 = 20	+4
4 × 6 = 24	+4
4 × 7 = 28	+4
4 × 8 = 32	+4
4 × 9 = 36	+4

8단 곱셈구구

8단 곱셈구구	
8 × 1 = 8	
8 × 2 = 16	+8
8 × 3 = 24	+8
8 × 4 = 32	+8
8 × 5 = 40	+8
8 × 6 = 48	+8
8 × 7 = 56	+8
8 × 8 = 64	+8
8 × 9 = 72	+8

그림을 보고 □ 안에 알맞은 수를 써넣으시오.

1 4×2=[8]
2 8×3=[24]
3 4×5=[20]
4 8×4=[32]
5 4×[6]=[24]
6 8×[7]=[56]

□ 안에 알맞은 수를 써넣으시오.

1 4×3=[12]
2 8×6=[48]
3 4×6=[24]
4 8×1=[8]
5 4×8=[32]
6 8×8=[64]
7 4×7=[28]
8 8×9=[72]
9 4×4=[16]
10 8×5=[40]
11 4×1=[4]
12 8×2=[16]
13 4×9=[36]
14 8×7=[56]

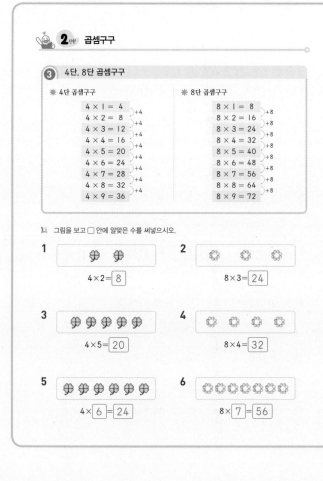

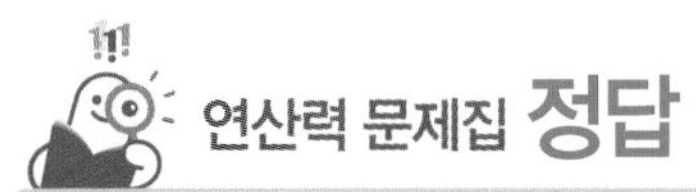

34~35쪽

빈칸에 알맞은 수를 써넣으시오.

1
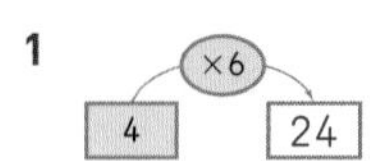

2
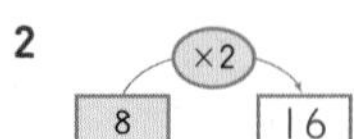

3
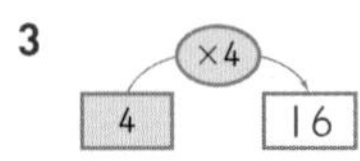

4
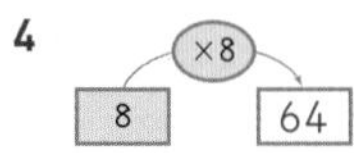

5
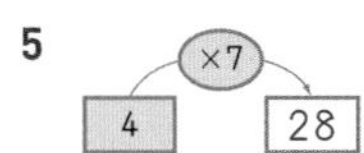

6
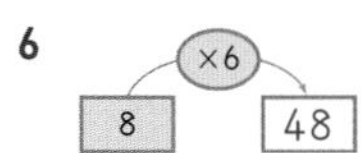

7
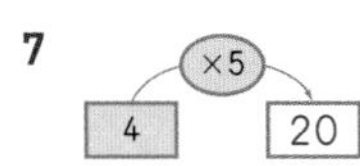

8
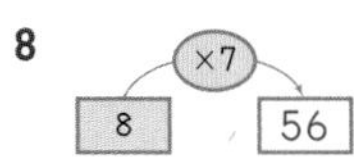

9
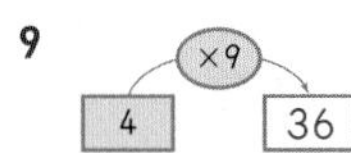

10
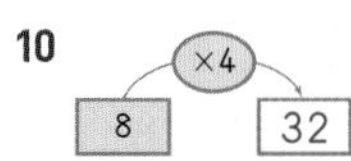

□ 안에 알맞은 수를 써넣으시오.

1 4×5=20 2 8×4=32

3 4×3=12 4 8×2=16

5 4×4=16 6 8×6=48

7 4×2=8 8 8×3=24

9 4×7=28 10 8×5=40

11 4×8=32 12 8×7=56

13 4×6=24 14 8×9=72

36~37쪽

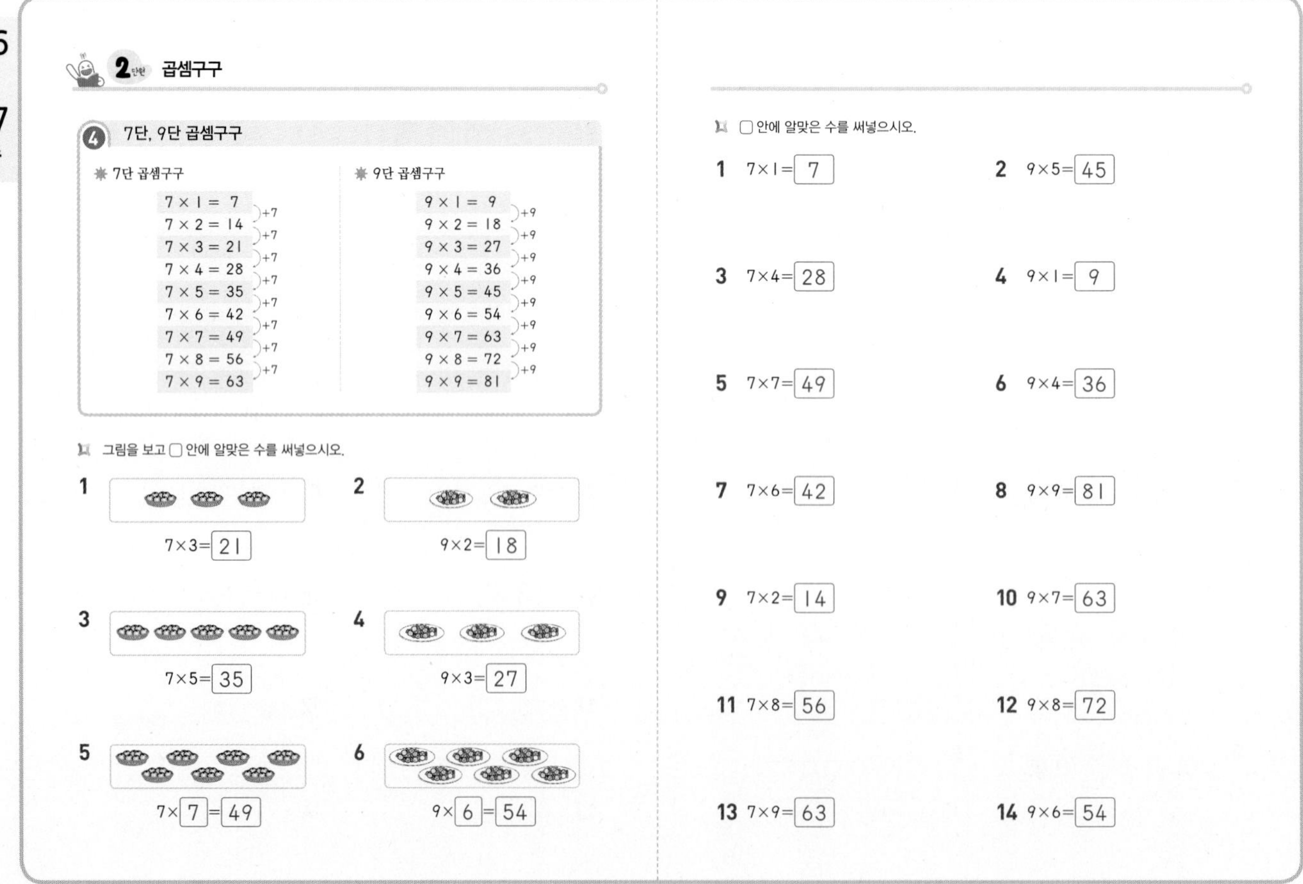

2단원 곱셈구구

4 7단, 9단 곱셈구구

7단 곱셈구구

7 × 1 = 7
7 × 2 = 14
7 × 3 = 21
7 × 4 = 28
7 × 5 = 35
7 × 6 = 42
7 × 7 = 49
7 × 8 = 56
7 × 9 = 63
(+7)

9단 곱셈구구

9 × 1 = 9
9 × 2 = 18
9 × 3 = 27
9 × 4 = 36
9 × 5 = 45
9 × 6 = 54
9 × 7 = 63
9 × 8 = 72
9 × 9 = 81
(+9)

그림을 보고 □ 안에 알맞은 수를 써넣으시오.

1 7×3=21 2 9×2=18

3 7×5=35 4 9×3=27

5 7×7=49 6 9×6=54

□ 안에 알맞은 수를 써넣으시오.

1 7×1=7 2 9×5=45

3 7×4=28 4 9×1=9

5 7×7=49 6 9×4=36

7 7×6=42 8 9×9=81

9 7×2=14 10 9×7=63

11 7×8=56 12 9×8=72

13 7×9=63 14 9×6=54

2단원 곱셈구구

빈칸에 알맞은 수를 써넣으시오.

1
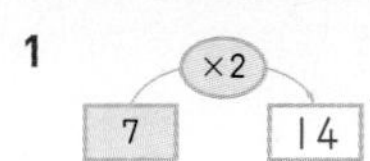

2
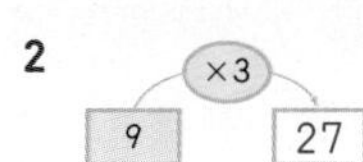

3
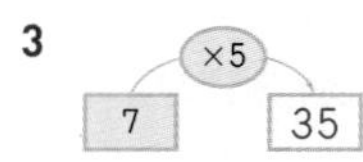

4
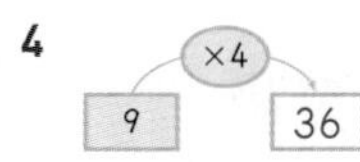

5
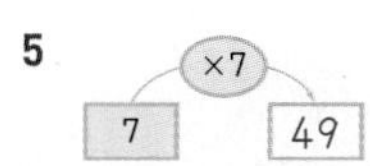

6
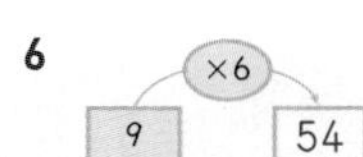

7
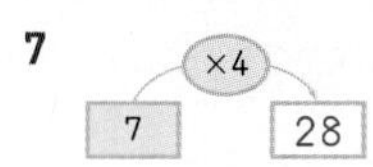

8
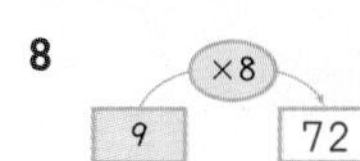

9
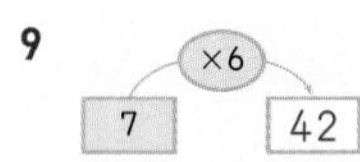

10
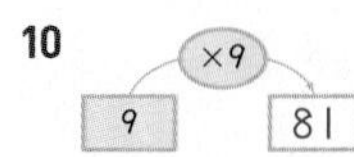

□ 안에 알맞은 수를 써넣으시오.

1 7×[2]=14　　2 9×[6]=54

3 7×[4]=28　　4 9×[3]=27

5 7×[3]=21　　6 9×[7]=63

7 7×[6]=42　　8 9×[2]=18

9 7×[5]=35　　10 9×[5]=45

11 7×[8]=56　　12 9×[9]=81

13 7×[9]=63　　14 9×[8]=72

2단원 곱셈구구

5 1단 곱셈구구와 0의 곱

1단 곱셈구구

×	1	2	3	4	5	6	7	8	9
1	1	2	3	4	5	6	7	8	9

1×(어떤 수)=(어떤 수), (어떤 수)×1=(어떤 수)

0의 곱

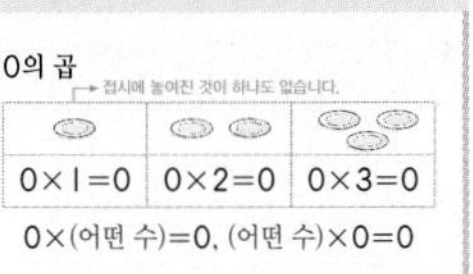

0×(어떤 수)=0, (어떤 수)×0=0

□ 안에 알맞은 수를 써넣으시오.

1 1×5=[5]　　2 4×1=[4]

3 1×3=[3]　　4 2×1=[2]

5 1×8=[8]　　6 7×1=[7]

7 1×[2]=2　　8 [5]×1=5

9 1×[9]=9　　10 [6]×1=6

□ 안에 알맞은 수를 써넣으시오.

1 0×4=[0]　　2 1×0=[0]

3 0×9=[0]　　4 6×0=[0]

5 0×2=[0]　　6 9×0=[0]

7 0×7=[0]　　8 8×0=[0]

9 [0]×5=0　　10 3×[0]=0

11 6×[0]=0　　12 [0]×7=0

13 [0]×8=0　　14 4×[0]=0

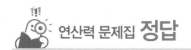

42 ~ 43 쪽

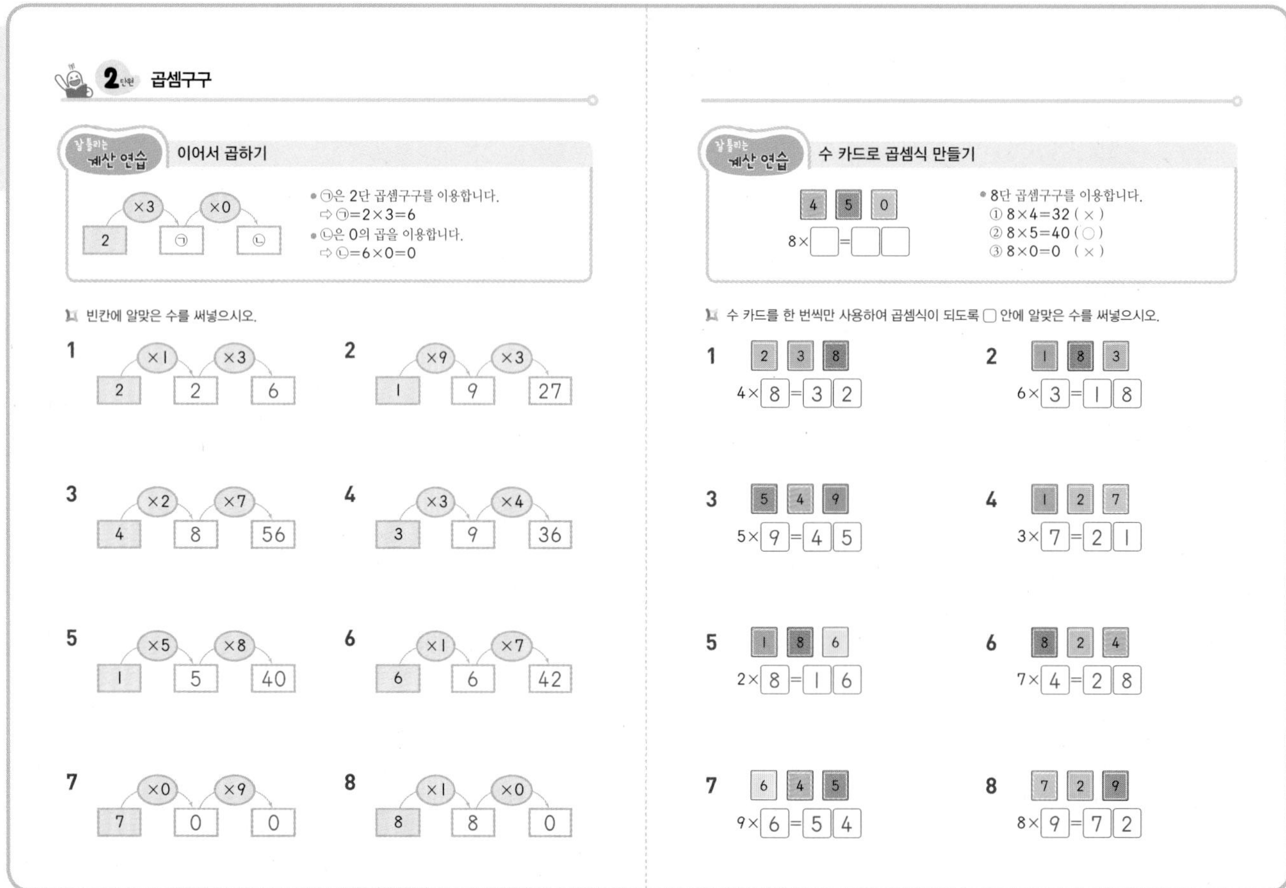

2단원 곱셈구구

계산 연습 이어서 곱하기

2 —×3→ ㉠ —×0→ ㉡

- ㉠은 2단 곱셈구구를 이용합니다.
  ⇨ ㉠=2×3=6
- ㉡은 0의 곱을 이용합니다.
  ⇨ ㉡=6×0=0

빈칸에 알맞은 수를 써넣으시오.

1. 2 —×1→ 2 —×3→ 6
2. 1 —×9→ 9 —×3→ 27
3. 4 —×2→ 8 —×7→ 56
4. 3 —×3→ 9 —×4→ 36
5. 1 —×5→ 5 —×8→ 40
6. 6 —×1→ 6 —×7→ 42
7. 7 —×0→ 0 —×9→ 0
8. 8 —×1→ 8 —×0→ 0

계산 연습 수 카드로 곱셈식 만들기

4 5 0

8×□=□□

- 8단 곱셈구구를 이용합니다.
  ① 8×4=32 (×)
  ② 8×5=40 (○)
  ③ 8×0=0 (×)

수 카드를 한 번씩만 사용하여 곱셈식이 되도록 □ 안에 알맞은 수를 써넣으시오.

1. 2 3 8 — 4×8=32
2. 1 8 3 — 6×3=18
3. 5 4 9 — 5×9=45
4. 1 2 7 — 3×7=21
5. 1 8 6 — 2×8=16
6. 8 2 4 — 7×4=28
7. 6 4 5 — 9×6=54
8. 7 2 9 — 8×9=72

44 ~ 45 쪽

3단원 길이 재기

① cm보다 더 큰 단위

✱ 1 m 알아보기

100 cm=1 m
읽기 1 미터

1 m

✱ ■ m ● cm 알아보기

130 cm=1 m 30 cm
읽기 1 미터 30 센티미터

1 m 30 cm

길이를 바르게 쓰시오.

1. 2 m 2 m 2 m 2 m
2. 5 m 5 m 5 m 5 m
3. 10 m 10 m 10 m 10 m
4. 6 m 10 cm 6 m 10 cm

길이를 바르게 읽으시오.

1. 3 m (3 미터)
2. 9 m (9 미터)
3. 30 m (30 미터)
4. 46 m (46 미터)
5. 1 m 50 cm (1 미터 50 센티미터)
6. 1 m 25 cm (1 미터 25 센티미터)
7. 2 m 40 cm (2 미터 40 센티미터)
8. 3 m 15 cm (3 미터 15 센티미터)
9. 9 m 5 cm (9 미터 5 센티미터)
10. 10 m 20 cm (10 미터 20 센티미터)

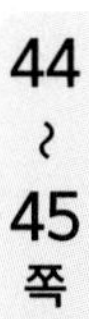

46~47쪽

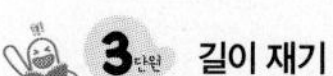

3단원 길이 재기

□ 안에 알맞은 수를 써넣으시오.

1 100 cm=1 m　　2 2 m=200 cm

3 400 cm=4 m　　4 9 m=900 cm

5 1000 cm=10 m　　6 12 m=1200 cm

7 140 cm=1 m 40 cm　　8 1 m 80 cm=180 cm

9 375 cm=3 m 75 cm　　10 2 m 35 cm=235 cm

11 809 cm=8 m 9 cm　　12 4 m 5 cm=405 cm

길이를 비교하여 ○ 안에 > 또는 <를 알맞게 써넣으시오.

1 3 m (>) 260 cm　　2 370 cm (<) 4 m

3 10 m (>) 990 cm　　4 1008 cm (<) 10 m 80 cm

5 1 m 50 cm (>) 105 cm　　6 3 m 20 cm (<) 325 cm

7 856 cm (<) 8 m 65 cm　　8 742 cm (<) 7 m 83 cm

9 3 m 9 cm (<) 390 cm　　10 6 m 24 cm (>) 614 cm

11 11 m 5 cm (>) 115 cm　　12 7 m 46 cm (>) 736 cm

48~49쪽

3단원 길이 재기

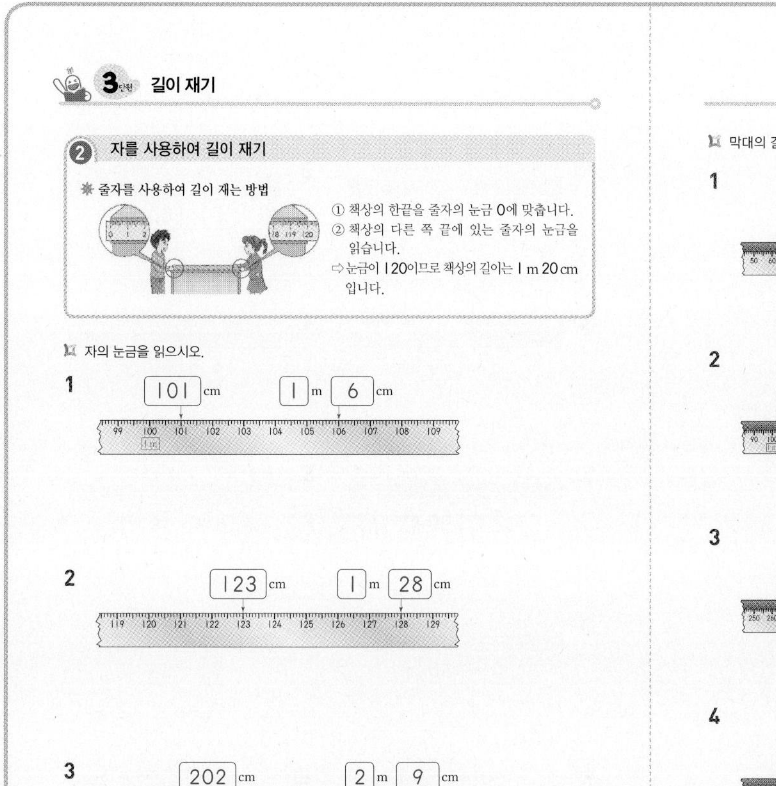

② 자를 사용하여 길이 재기

✱ 줄자를 사용하여 길이 재는 방법

① 책상의 한끝을 줄자의 눈금 0에 맞춥니다.
② 책상의 다른 쪽 끝에 있는 줄자의 눈금을 읽습니다.
⇨ 눈금이 120이므로 책상의 길이는 1 m 20 cm입니다.

자의 눈금을 읽으시오.

1 101 cm　1 m 6 cm

2 123 cm　1 m 28 cm

3 202 cm　2 m 9 cm

막대의 길이를 구하시오.

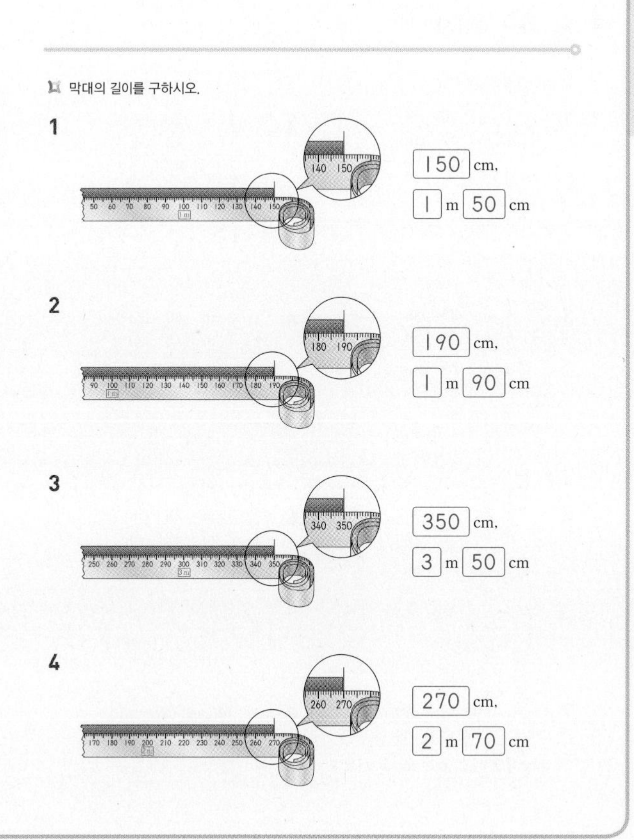

1 150 cm, 1 m 50 cm

2 190 cm, 1 m 90 cm

3 350 cm, 3 m 50 cm

4 270 cm, 2 m 70 cm

50~51쪽

3단원 길이 재기

③ 길이의 합

m는 m끼리, cm는 cm끼리 더합니다.

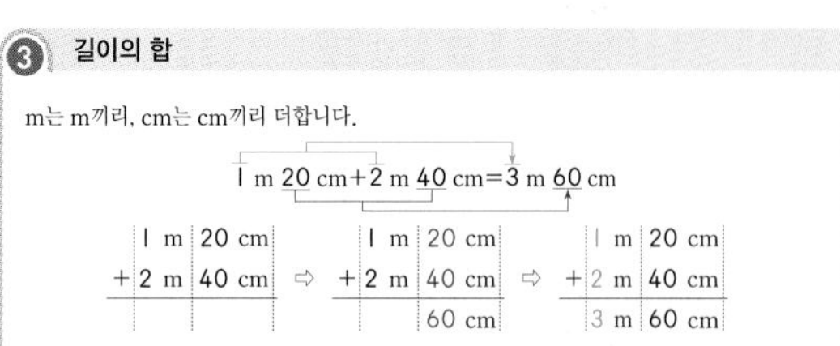

1 m 20 cm+2 m 40 cm=3 m 60 cm
1 m 20 cm + 2 m 40 cm ⇨ 60 cm ⇨ 3 m 60 cm

□ 안에 알맞은 수를 써넣으시오.

1. 3 m 50 cm + 1 m 20 cm ⇨ [70] cm ⇨ [4] m [70] cm
2. 3 m 70 cm + 5 m 10 cm ⇨ [80] cm ⇨ [8] m [80] cm
3. 5 m 32 cm + 2 m 40 cm ⇨ [72] cm ⇨ [7] m [72] cm

길이의 합을 구하시오.

1. 2 m 30 cm+1 m 20 cm =[3] m [50] cm
2. 4 m 20 cm+2 m 50 cm =[6] m [70] cm
3. 5 m 40 cm+1 m 50 cm =[6] m [90] cm
4. 3 m 30 cm+4 m 50 cm =[7] m [80] cm
5. 2 m 25 cm+4 m 30 cm =[6] m [55] cm
6. 7 m 21 cm+1 m 42 cm =[8] m [63] cm
7. 5 m 52 cm+1 m 23 cm =[6] m [75] cm
8. 1 m 45 cm+4 m 34 cm =[5] m [79] cm
9. 16 m 46 cm+2 m 40 cm =[18] m [86] cm
10. 4 m 52 cm+12 m 5 cm =[16] m [57] cm

52~53쪽

3단원 길이 재기

길이의 합을 구하시오.

1. 1 m 30 cm + 2 m 40 cm = [3] m [70] cm
2. 3 m 50 cm + 1 m 40 cm = [4] m [90] cm
3. 4 m 25 cm + 5 m 50 cm = [9] m [75] cm
4. 2 m 40 cm + 7 m 15 cm = [9] m [55] cm
5. 1 m 70 cm + 4 m 9 cm = [5] m [79] cm
6. 5 m 24 cm + 2 m 32 cm = [7] m [56] cm
7. 5 m 56 cm + 7 m 12 cm = [12] m [68] cm
8. 13 m 24 cm + 5 m 13 cm = [18] m [37] cm

□ 안에 알맞은 수를 써넣으시오.

1. 1 m 50 cm, 2 m 20 cm → [3] m [70] cm
2. 2 m 70 cm, 3 m 10 cm → [5] m [80] cm

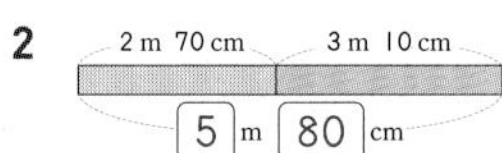

3. 2 m 24 cm, 1 m 70 cm → [3] m [94] cm
4. 4 m 36 cm, 2 m 21 cm → [6] m [57] cm

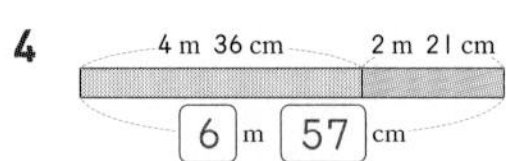

5. 3 m 52 cm, 2 m 4 cm → [5] m [56] cm
6. 1 m 46 cm, 3 m 52 cm → [4] m [98] cm

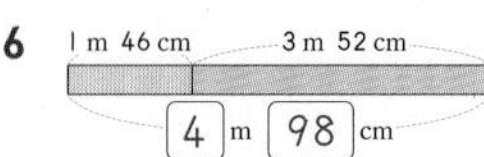

7. 1 m 71 cm, 3 m 14 cm → [4] m [85] cm
8. 5 m 24 cm, 2 m 30 cm → [7] m [54] cm

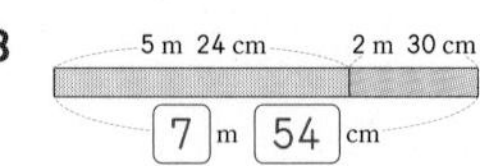

9. 6 m 24 cm, 3 m 43 cm → [9] m [67] cm
10. 7 m 62 cm, 5 m 15 cm → [12] m [77] cm

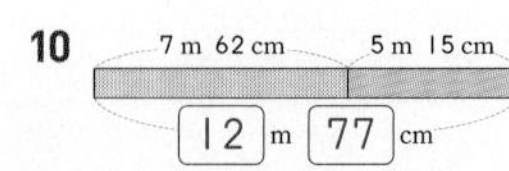

54 ~ 55 쪽

3단원 길이 재기

빈 곳에 알맞은 길이를 써넣으시오.

1
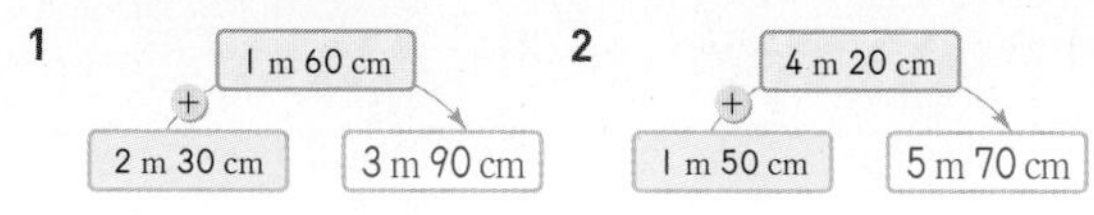

2 4 m 20 cm + 1 m 50 cm → 5 m 70 cm

3 4 m 30 cm + 3 m 25 cm → 7 m 55 cm

4 1 m 30 cm + 6 m 24 cm → 7 m 54 cm

5 7 m 14 cm + 2 m 32 cm → 9 m 46 cm

6 2 m 12 cm + 5 m 47 cm → 7 m 59 cm

7 2 m 12 cm + 4 m 63 cm → 6 m 75 cm

8 9 m 25 cm + 3 m 14 cm → 12 m 39 cm

4 길이의 차

m는 m끼리, cm는 cm끼리 뺍니다.

5 m 70 cm−2 m 10 cm=3 m 60 cm

	5 m	70 cm	⇨		5 m	70 cm	⇨		5 m	70 cm
−	2 m	10 cm		−	2 m	10 cm		−	2 m	10 cm
						60 cm			3 m	60 cm

□ 안에 알맞은 수를 써넣으시오.

1

	7 m	80 cm	⇨		7 m	80 cm	⇨		7 m	80 cm
−	2 m	40 cm		−	2 m	40 cm		−	2 m	40 cm
						40 cm			5 m	40 cm

2

	9 m	80 cm	⇨		9 m	80 cm	⇨		9 m	80 cm
−	1 m	20 cm		−	1 m	20 cm		−	1 m	20 cm
						60 cm			8 m	60 cm

3

	8 m	56 cm	⇨		8 m	56 cm	⇨		8 m	56 cm
−	2 m	20 cm		−	2 m	20 cm		−	2 m	20 cm
						36 cm			6 m	36 cm

56 ~ 57 쪽

3단원 길이 재기

길이의 차를 구하시오.

1 4 m 50 cm−1 m 20 cm
=3 m 30 cm

2 6 m 80 cm−3 m 20 cm
=3 m 60 cm

3 6 m 75 cm−2 m 30 cm
=4 m 45 cm

4 8 m 85 cm−1 m 35 cm
=7 m 50 cm

5 7 m 82 cm−5 m 31 cm
=2 m 51 cm

6 9 m 76 cm−3 m 22 cm
=6 m 54 cm

7 8 m 83 cm−4 m 11 cm
=4 m 72 cm

8 7 m 95 cm−3 m 42 cm
=4 m 53 cm

9 16 m 76 cm−5 m 13 cm
=11 m 63 cm

10 25 m 19 cm−4 m 6 cm
=21 m 13 cm

길이의 차를 구하시오.

1 8 m 70 cm − 3 m 20 cm = 5 m 50 cm

2 9 m 90 cm − 3 m 40 cm = 6 m 50 cm

3 7 m 95 cm − 5 m 40 cm = 2 m 55 cm

4 8 m 45 cm − 7 m 24 cm = 1 m 21 cm

5 9 m 38 cm − 4 m 16 cm = 5 m 22 cm

6 6 m 92 cm − 3 m 90 cm = 3 m 2 cm

7 8 m 93 cm − 3 m 62 cm = 5 m 31 cm

8 11 m 68 cm − 6 m 24 cm = 5 m 44 cm

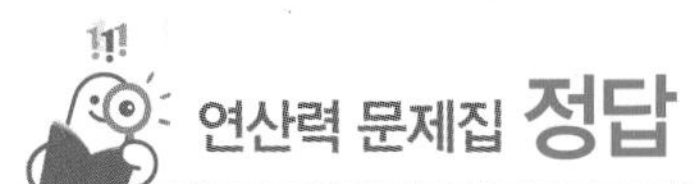

58 ~ 59 쪽

3단원 길이 재기

□ 안에 알맞은 수를 써넣으시오.

1. 3 m 40 cm / 1 m 20 cm / 2 m 20 cm
2. 5 m 90 cm / 4 m 10 cm / 1 m 80 cm
3. 4 m 85 cm / 2 m 65 cm / 2 m 20 cm
4. 8 m 65 cm / 7 m 35 cm / 1 m 30 cm
5. 7 m 85 cm / 3 m 64 cm / 4 m 21 cm
6. 7 m 48 cm / 3 m 18 cm / 4 m 30 cm
7. 9 m 64 cm / 6 m 21 cm / 3 m 43 cm
8. 8 m 76 cm / 3 m 52 cm / 5 m 24 cm
9. 10 m 42 cm / 5 m 10 cm / 5 m 32 cm
10. 13 m 86 cm / 6 m 24 cm / 7 m 62 cm

빈 곳에 알맞은 길이를 써넣으시오.

1. 1 m 30 cm / 5 m 70 cm − → 4 m 40 cm
2. 2 m 70 cm / 4 m 80 cm − → 2 m 10 cm
3. 2 m 50 cm / 3 m 70 cm − → 1 m 20 cm
4. 3 m 4 cm / 8 m 36 cm − → 5 m 32 cm
5. 6 m 25 cm / 9 m 48 cm − → 3 m 23 cm
6. 4 m 36 cm / 7 m 86 cm − → 3 m 50 cm
7. 5 m 36 cm / 8 m 78 cm − → 3 m 42 cm
8. 5 m 22 cm / 10 m 78 cm − → 5 m 56 cm

60 ~ 61 쪽

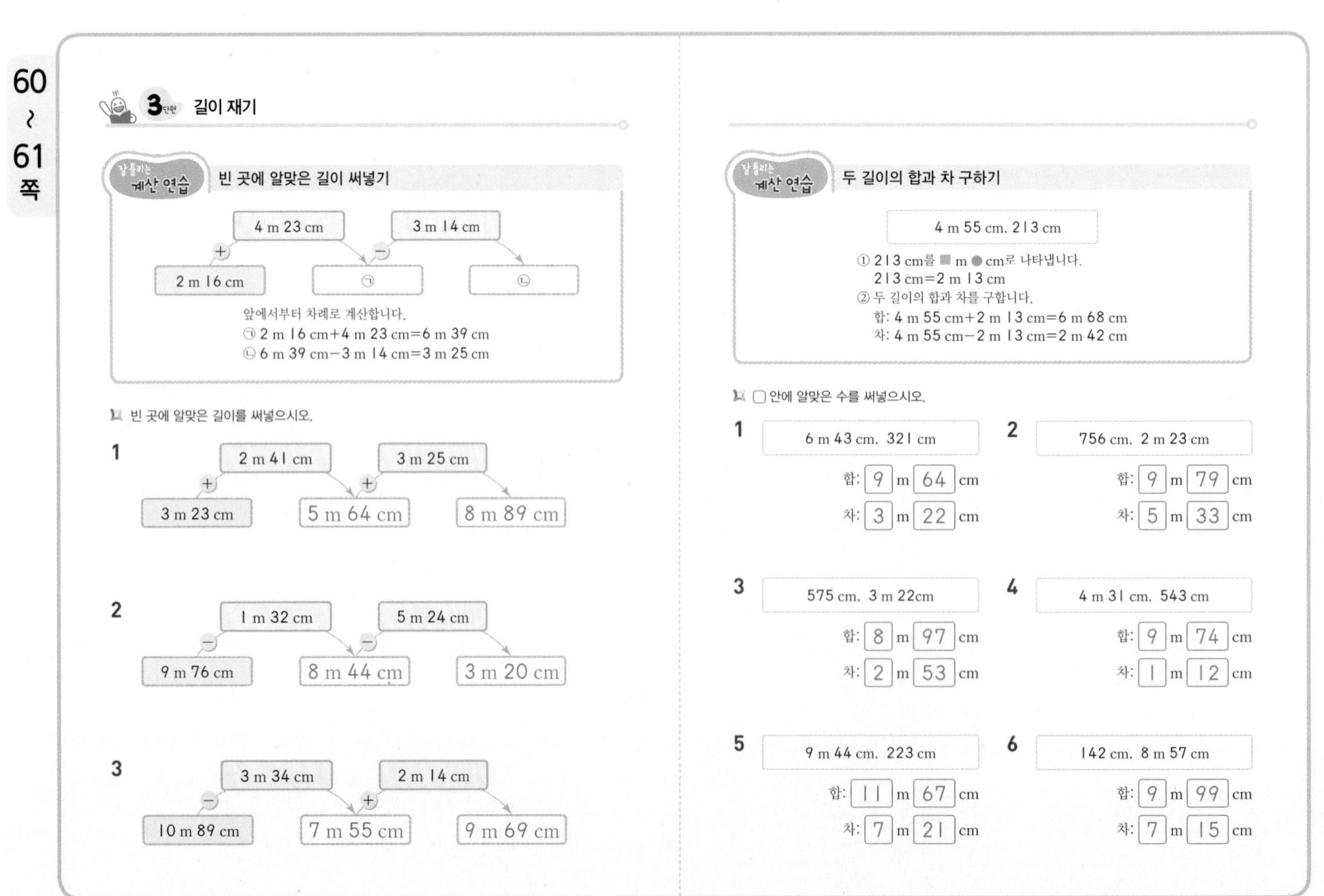

3단원 길이 재기

감 잡히는 계산 연습 빈 곳에 알맞은 길이 써넣기

2 m 16 cm + 4 m 23 cm → ㉠, ㉠ − 3 m 14 cm → ㉡

앞에서부터 차례로 계산합니다.
㉠ 2 m 16 cm+4 m 23 cm=6 m 39 cm
㉡ 6 m 39 cm−3 m 14 cm=3 m 25 cm

빈 곳에 알맞은 길이를 써넣으시오.

1. 3 m 23 cm + 2 m 41 cm → 5 m 64 cm, + 3 m 25 cm → 8 m 89 cm
2. 9 m 76 cm − 1 m 32 cm → 8 m 44 cm, − 5 m 24 cm → 3 m 20 cm
3. 10 m 89 cm − 3 m 34 cm → 7 m 55 cm, + 2 m 14 cm → 9 m 69 cm

감 잡히는 계산 연습 두 길이의 합과 차 구하기

4 m 55 cm, 213 cm

① 213 cm를 ■ m ● cm로 나타냅니다.
213 cm=2 m 13 cm
② 두 길이의 합과 차를 구합니다.
합: 4 m 55 cm+2 m 13 cm=6 m 68 cm
차: 4 m 55 cm−2 m 13 cm=2 m 42 cm

□ 안에 알맞은 수를 써넣으시오.

1. 6 m 43 cm, 321 cm — 합: 9 m 64 cm, 차: 3 m 22 cm
2. 756 cm, 2 m 23 cm — 합: 9 m 79 cm, 차: 5 m 33 cm
3. 575 cm, 3 m 22cm — 합: 8 m 97 cm, 차: 2 m 53 cm
4. 4 m 31 cm, 543 cm — 합: 9 m 74 cm, 차: 1 m 12 cm
5. 9 m 44 cm, 223 cm — 합: 11 m 67 cm, 차: 7 m 21 cm
6. 142 cm, 8 m 57 cm — 합: 9 m 99 cm, 차: 7 m 15 cm

62 ~ 63 쪽

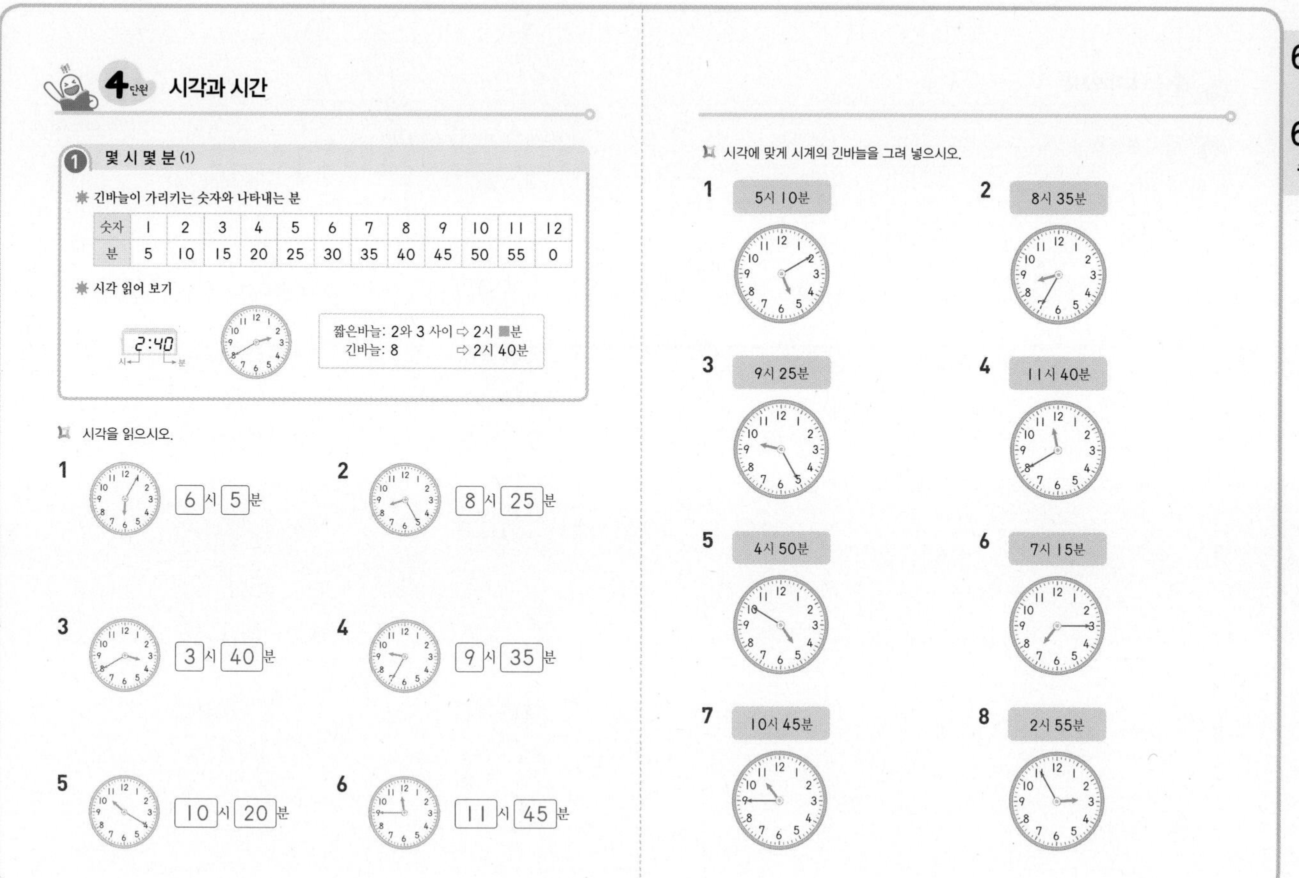

4단원 시각과 시간

1 몇 시 몇 분 (1)

긴바늘이 가리키는 숫자와 나타내는 분

숫자	1	2	3	4	5	6	7	8	9	10	11	12
분	5	10	15	20	25	30	35	40	45	50	55	0

시각 읽어 보기

2:40 (시, 분)

짧은바늘: 2와 3 사이 ⇨ 2시 ■분
긴바늘: 8 ⇨ 2시 40분

시각을 읽으시오.

1 6시 5분
2 8시 25분
3 3시 40분
4 9시 35분
5 10시 20분
6 11시 45분

시각에 맞게 시계의 긴바늘을 그려 넣으시오.

1 5시 10분
2 8시 35분
3 9시 25분
4 11시 40분
5 4시 50분
6 7시 15분
7 10시 45분
8 2시 55분

64 ~ 65 쪽

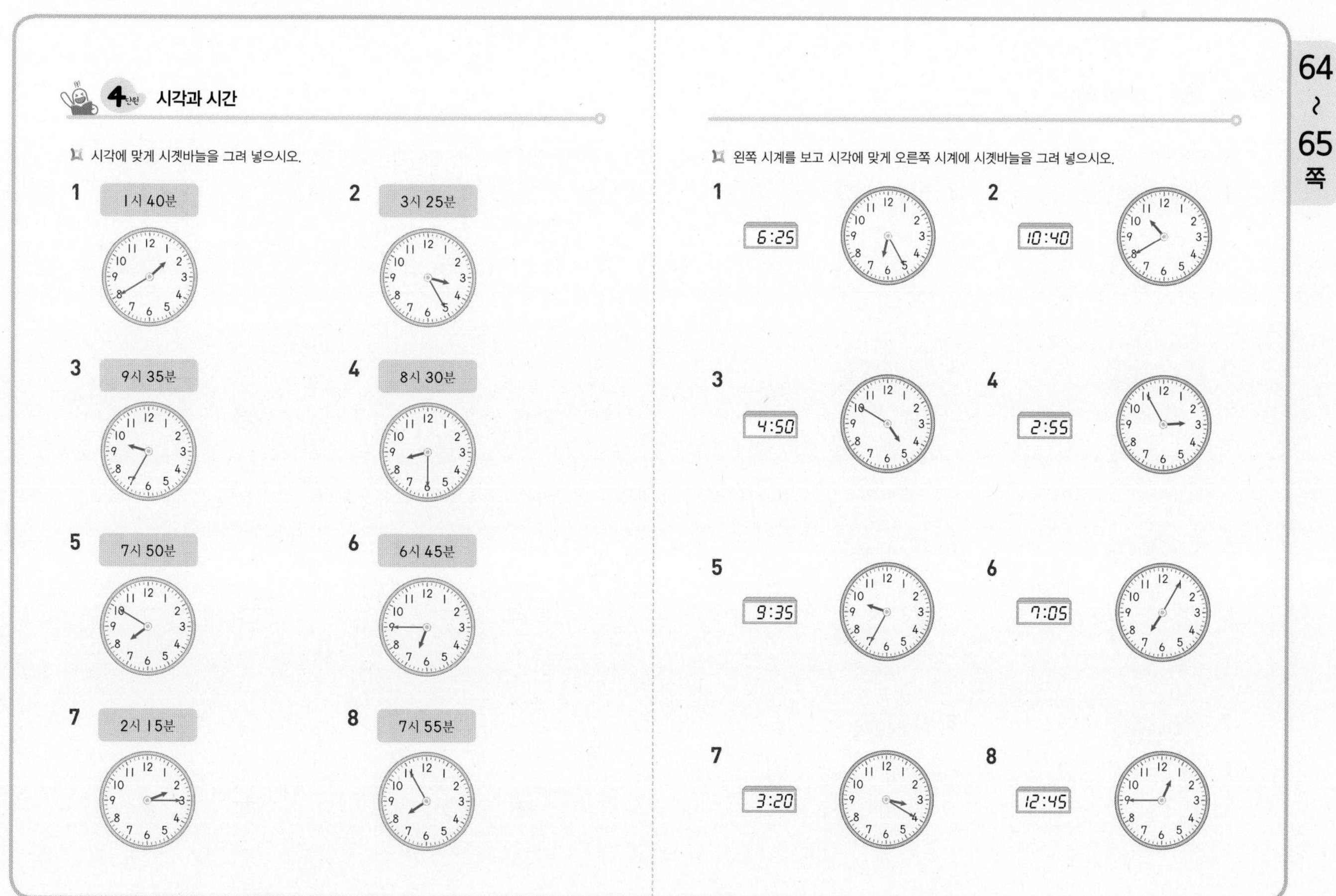

4단원 시각과 시간

시각에 맞게 시곗바늘을 그려 넣으시오.

1 1시 40분
2 3시 25분
3 9시 35분
4 8시 30분
5 7시 50분
6 6시 45분
7 2시 15분
8 7시 55분

왼쪽 시계를 보고 시각에 맞게 오른쪽 시계에 시곗바늘을 그려 넣으시오.

1 6:25
2 10:40
3 4:50
4 2:55
5 9:35
6 7:05
7 3:20
8 12:45

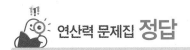

66~67쪽

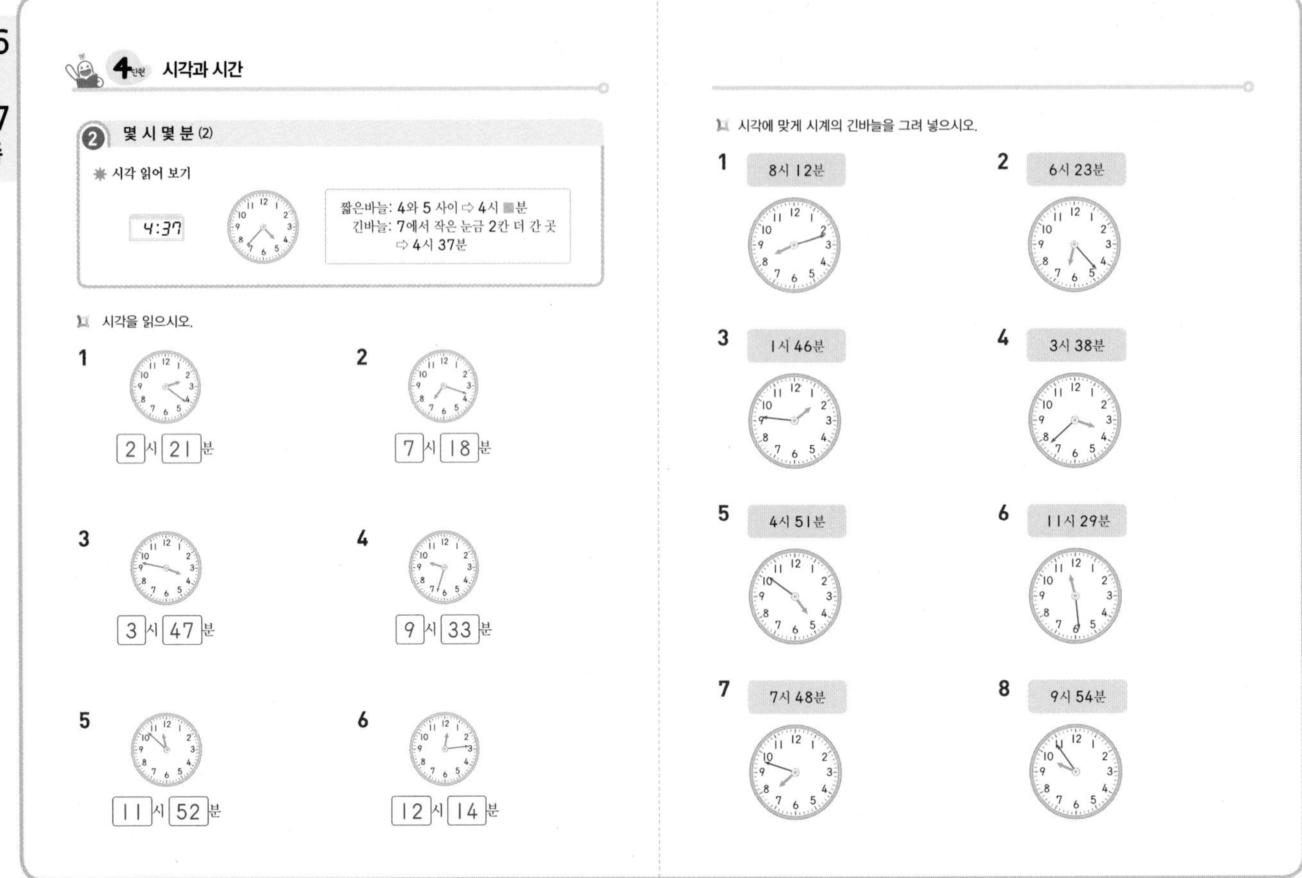

4단원 시각과 시간

2 몇 시 몇 분 (2)

시각 읽어 보기

4:37

짧은바늘: 4와 5 사이 ⇨ 4시 ■분
긴바늘: 7에서 작은 눈금 2칸 더 간 곳
⇨ 4시 37분

시각을 읽으시오.

1. 2 시 21 분
2. 7 시 18 분
3. 3 시 47 분
4. 9 시 33 분
5. 11 시 52 분
6. 12 시 14 분

시각에 맞게 시계의 긴바늘을 그려 넣으시오.

1. 8시 12분
2. 6시 23분
3. 1시 46분
4. 3시 38분
5. 4시 51분
6. 11시 29분
7. 7시 48분
8. 9시 54분

68~69쪽

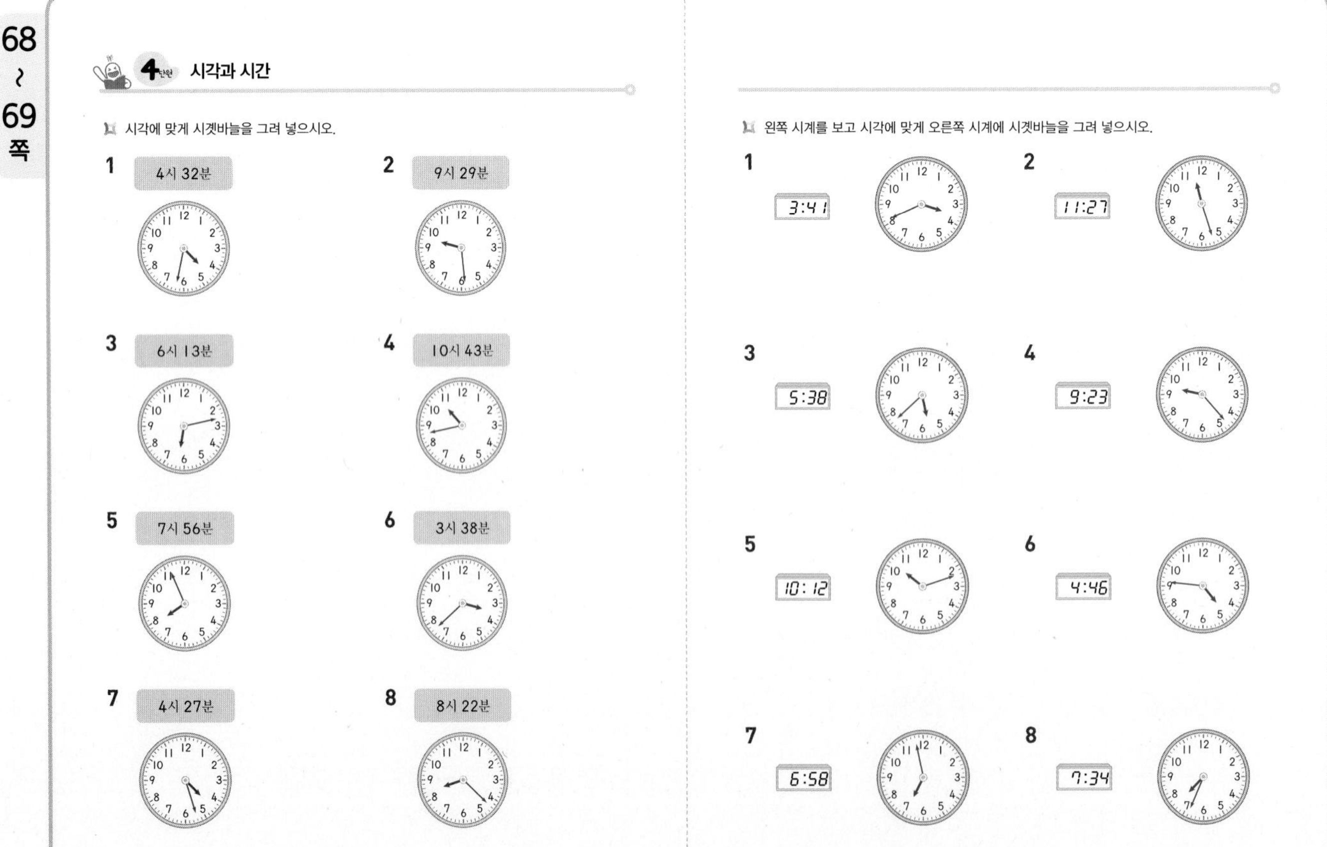

4단원 시각과 시간

시각에 맞게 시곗바늘을 그려 넣으시오.

1. 4시 32분
2. 9시 29분
3. 6시 13분
4. 10시 43분
5. 7시 56분
6. 3시 38분
7. 4시 27분
8. 8시 22분

왼쪽 시계를 보고 시각에 맞게 오른쪽 시계에 시곗바늘을 그려 넣으시오.

1. 3:41
2. 11:27
3. 5:38
4. 9:23
5. 10:12
6. 4:46
7. 6:58
8. 7:34

70 ~ 71 쪽

4단원 시각과 시간

③ 몇 시 몇 분 전

(clock) 3시 50분 / 4시 10분 전

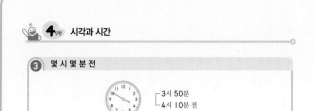

시각을 두 가지 방법으로 읽으시오.

1 [2]시 [55]분 / [3]시 [5]분 전
2 [6]시 [50]분 / [7]시 [10]분 전
3 [7]시 [45]분 / [8]시 [15]분 전
4 [9]시 [55]분 / [10]시 [5]분 전
5 [4]시 [50]분 / [5]시 [10]분 전
6 [1]시 [45]분 / [2]시 [15]분 전

□ 안에 알맞은 수를 써넣으시오.

1 2시 50분은 3시 [10]분 전입니다.
2 7시 5분 전은 [6]시 55분입니다.
3 8시 45분은 9시 [15]분 전입니다.
4 6시 15분 전은 [5]시 45분입니다.
5 4시 55분은 5시 [5]분 전입니다.
6 9시 10분 전은 [8]시 50분입니다.
7 7시 50분은 [8]시 10분 전입니다.
8 12시 5분 전은 11시 [55]분입니다.
9 10시 55분은 [11]시 5분 전입니다.
10 6시 10분 전은 5시 [50]분입니다.
11 2시 45분은 [3]시 [15]분 전입니다.
12 4시 10분 전은 [3]시 [50]분입니다.

72 ~ 73 쪽

4단원 시각과 시간

시각을 몇 시 몇 분 전으로 읽으시오.

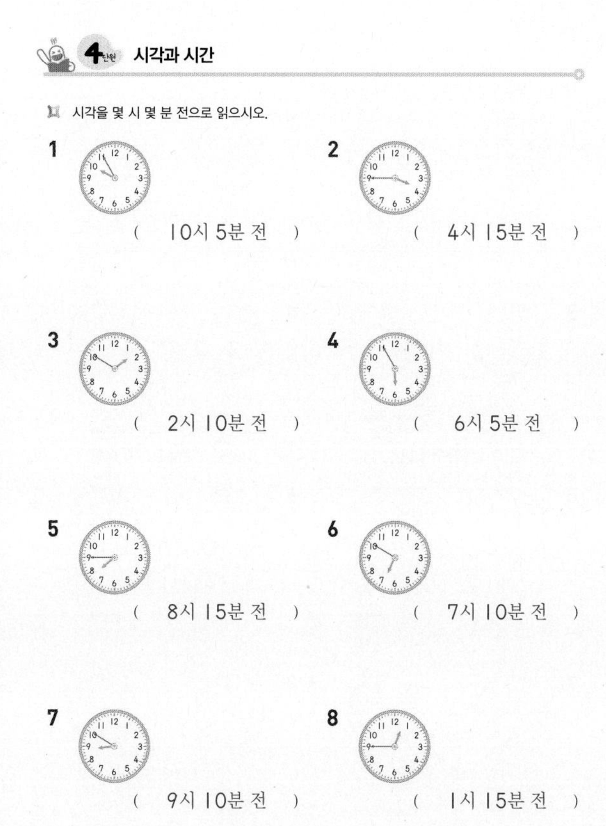

1 (10시 5분 전)
2 (4시 15분 전)
3 (2시 10분 전)
4 (6시 5분 전)
5 (8시 15분 전)
6 (7시 10분 전)
7 (9시 10분 전)
8 (1시 15분 전)

시각에 맞게 시곗바늘을 그려 넣으시오.

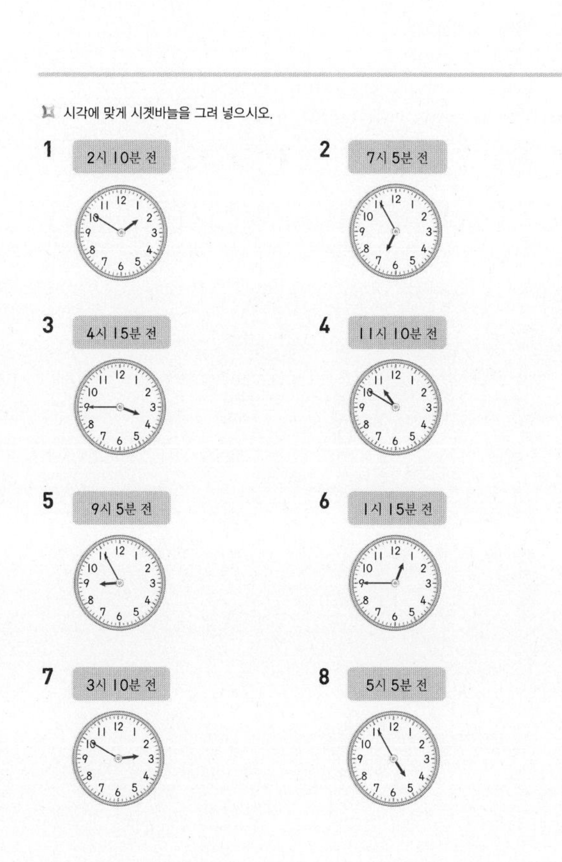

74~75쪽

4단원 시각과 시간

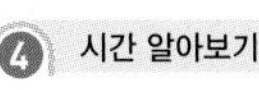

4 시간 알아보기

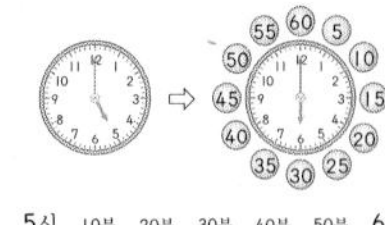

• 60분: 시계의 긴바늘이 한 바퀴 도는 데 걸리는 시간
• 60분=1시간

□ 안에 알맞은 수를 써넣으시오.

1 60분=1시간

2 3시간=180분

3 1시간 20분=80분

4 130분=2시간 10분

5 5시간=300분

6 230분=3시간 50분

7 420분=7시간

8 2시간 30분=150분

두 시계를 보고 시간이 얼마나 흘렀는지 시간 띠에 나타내어 구하시오.

1 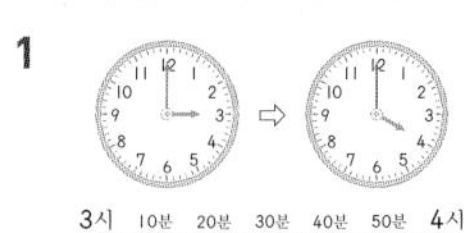 60분

2  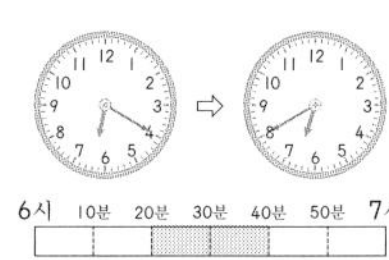 20분

3 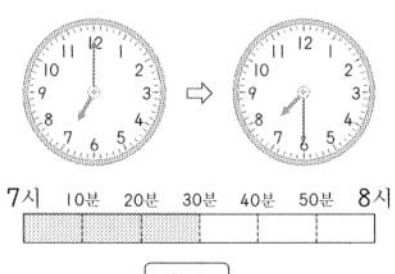 30분

4 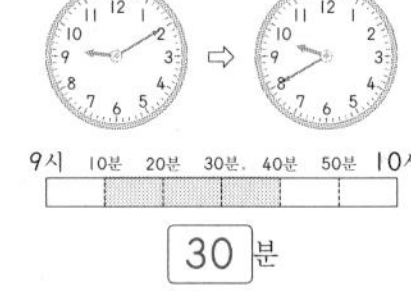 30분

5 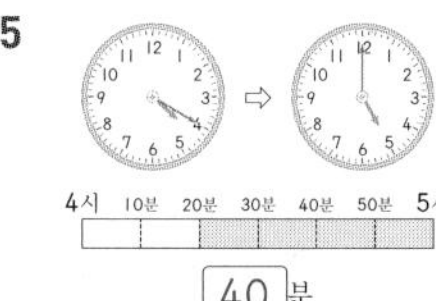 40분

6 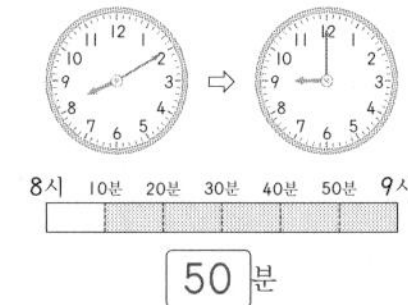 50분

76~77쪽

4단원 시각과 시간

두 시계를 보고 시간이 얼마나 흘렀는지 시간 띠에 나타내어 구하시오.

1 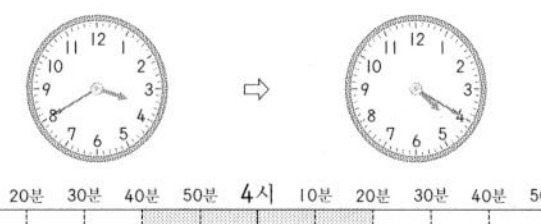 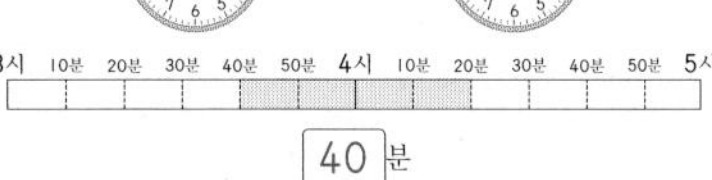 40분

2 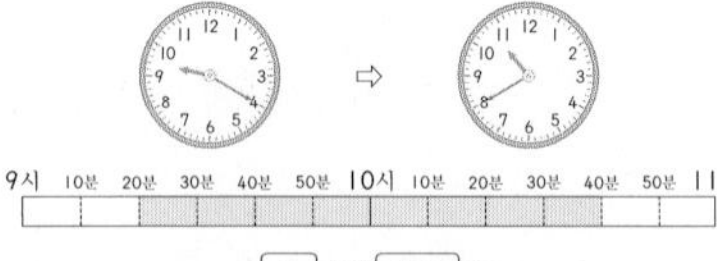 1시간 20분

3 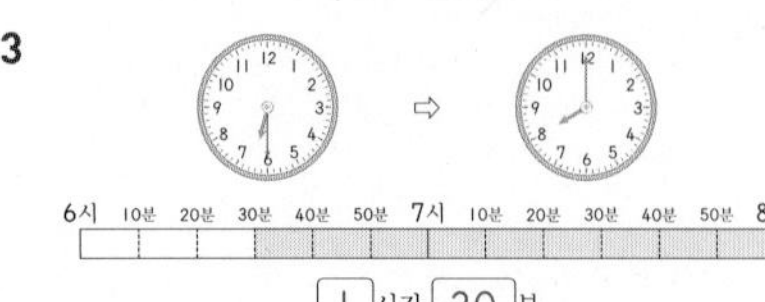 1시간 30분

4 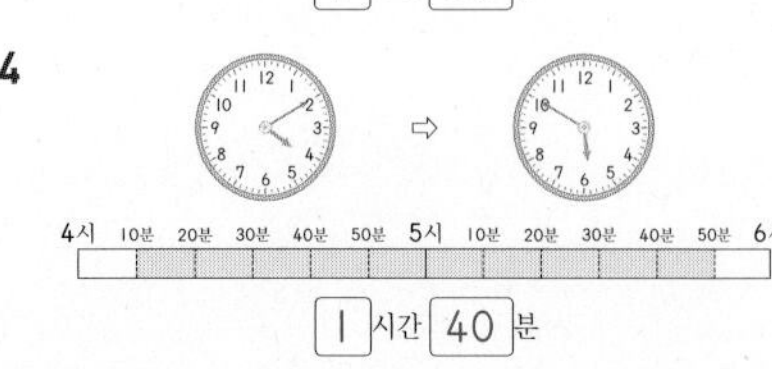 1시간 40분

두 시계를 보고 시간이 얼마나 흘렀는지 구하시오.

1 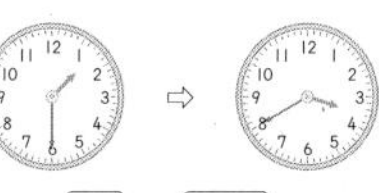 2시간 10분
✱ 1시 30분 —2시간 후→ 3시 30분 —10분 후→ 3시 40분

2  1시간 30분
✱ 5시 20분 —1시간 후→ 6시 20분 —30분 후→ 6시 50분

3 1시간 20분
✱ 8시 40분 —1시간 후→ 9시 40분 —20분 후→ 10시

4  2시간 40분
✱ 6시 30분 —2시간 후→ 8시 30분 —40분 후→ 9시 10분

5 1시간 50분
✱ 10시 50분 —1시간 후→ 11시 50분 —50분 후→ 12시 40분

6 3시간 20분
✱ 7시 40분 —3시간 후→ 10시 40분 —20분 후→ 11시

7 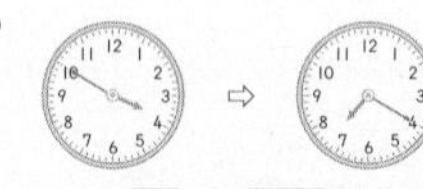 3시간 30분
✱ 3시 50분 —3시간 후→ 6시 50분 —30분 후→ 7시 20분

8 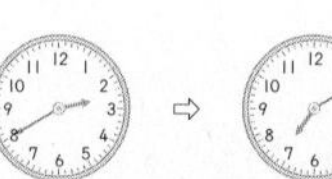 4시간 30분
✱ 2시 40분 —4시간 후→ 6시 40분 —30분 후→ 7시 10분

78 ~ 79 쪽

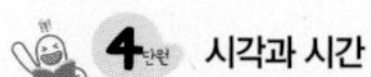

4단원 시각과 시간

5 하루의 시간

• 1일=24시간
• 오전: 전날 밤 12시부터 낮 12시까지
  오후: 낮 12시부터 밤 12시까지

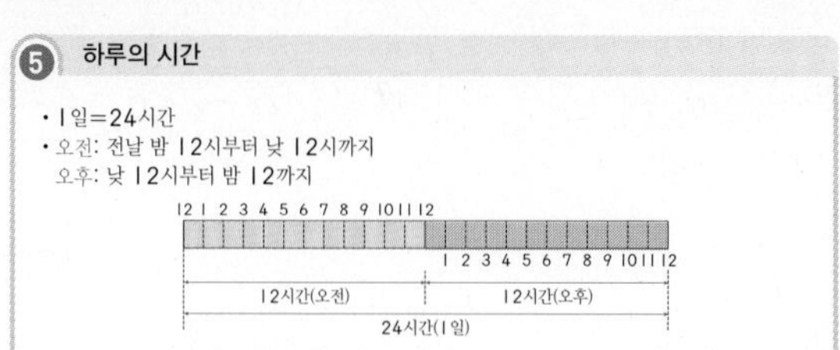

( ) 안에 오전 또는 오후를 알맞게 써넣으시오.

1 아침 9시 (오전) 2 낮 1시 (오후)

3 저녁 7시 (오후) 4 새벽 3시 (오전)

5 밤 10시 (오후) 6 새벽 5시 (오전)

7 아침 8시 (오전) 8 낮 2시 (오후)

□ 안에 알맞은 수를 써넣으시오.

1 1일=[24]시간 2 32시간=[1]일 [8]시간

3 40시간=[1]일 [16]시간 4 2일=[48]시간

5 51시간=[2]일 [3]시간 6 1일 5시간=[29]시간

7 3일 5시간=[77]시간 8 75시간=[3]일 [3]시간

9 86시간=[3]일 [14]시간 10 2일 12시간=[60]시간

11 5일 2시간=[122]시간 12 100시간=[4]일 [4]시간

80 ~ 81 쪽

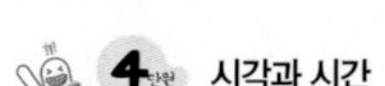

4단원 시각과 시간

두 시계를 보고 시간이 얼마나 흘렀는지 시간 띠에 나타내어 구하시오.

1
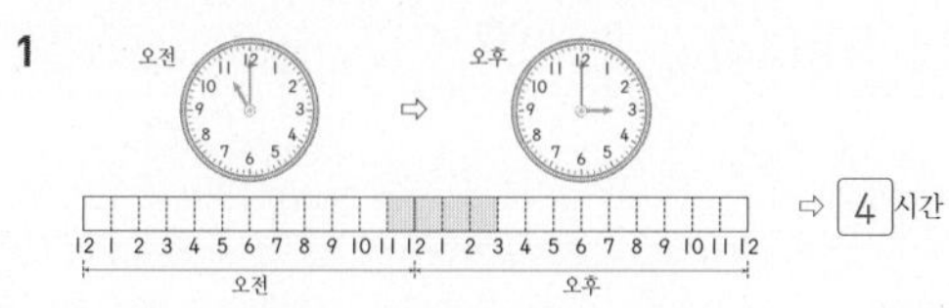
⇨ [4]시간

2
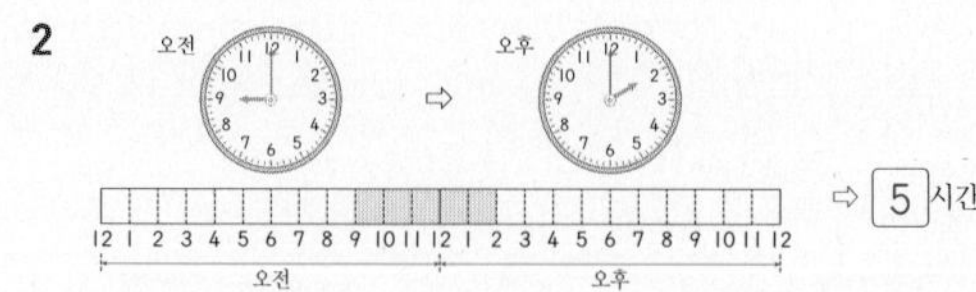
⇨ [5]시간

3
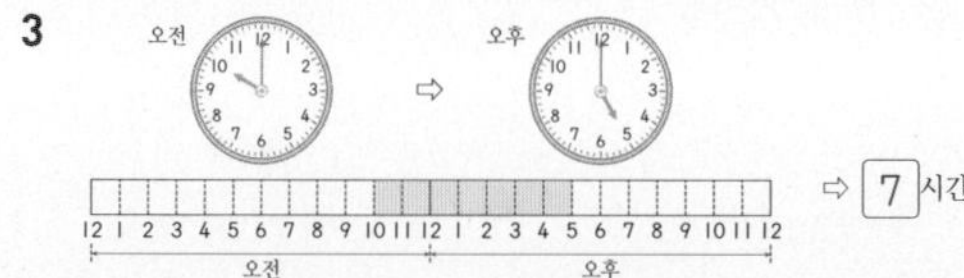
⇨ [7]시간

4
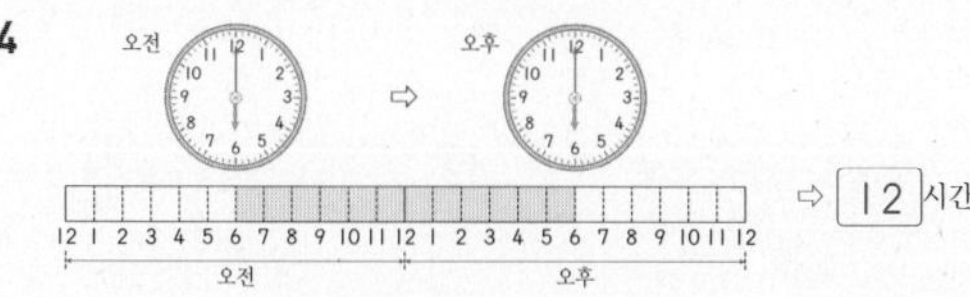
⇨ [12]시간

두 시계를 보고 시간이 얼마나 흘렀는지 구하시오.

1 [9]시간 2 [6]시간

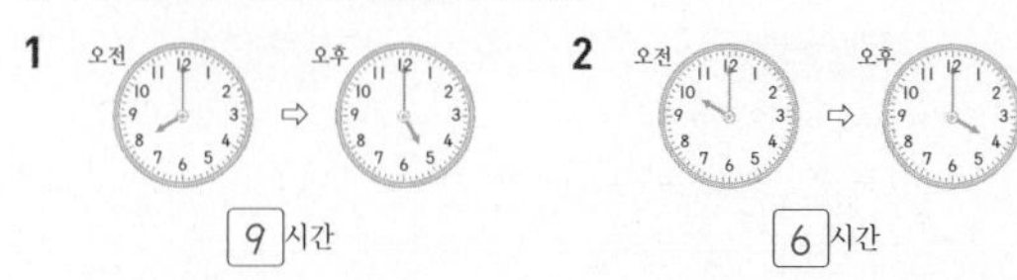

3 [8]시간 4 [9]시간

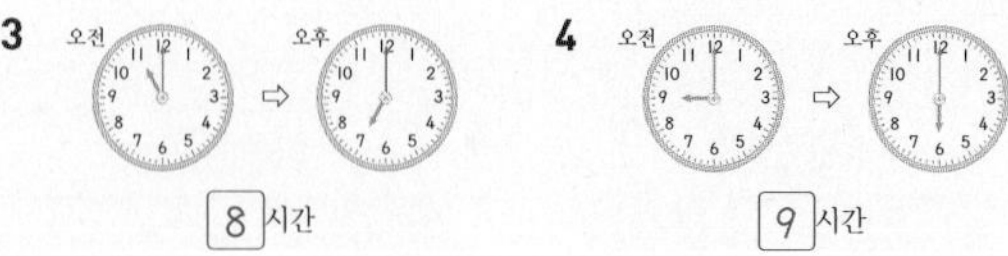

5 [12]시간 6 [15]시간

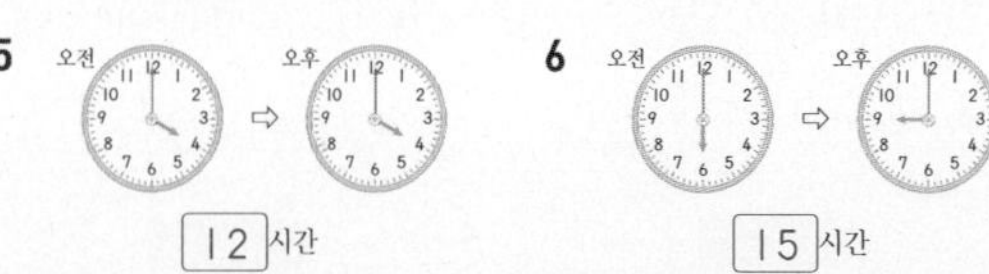

7 [14]시간 8 [22]시간

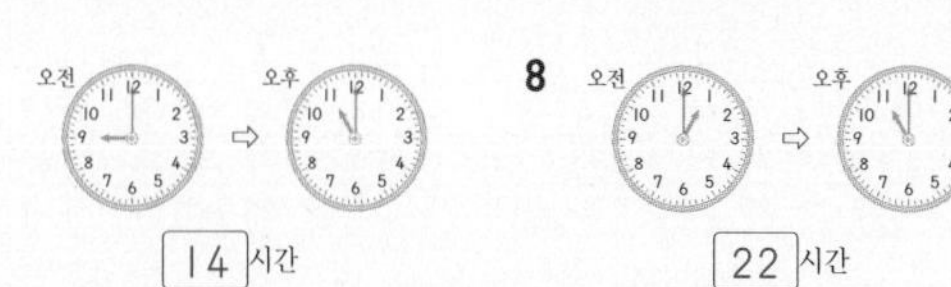

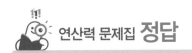

82~83쪽

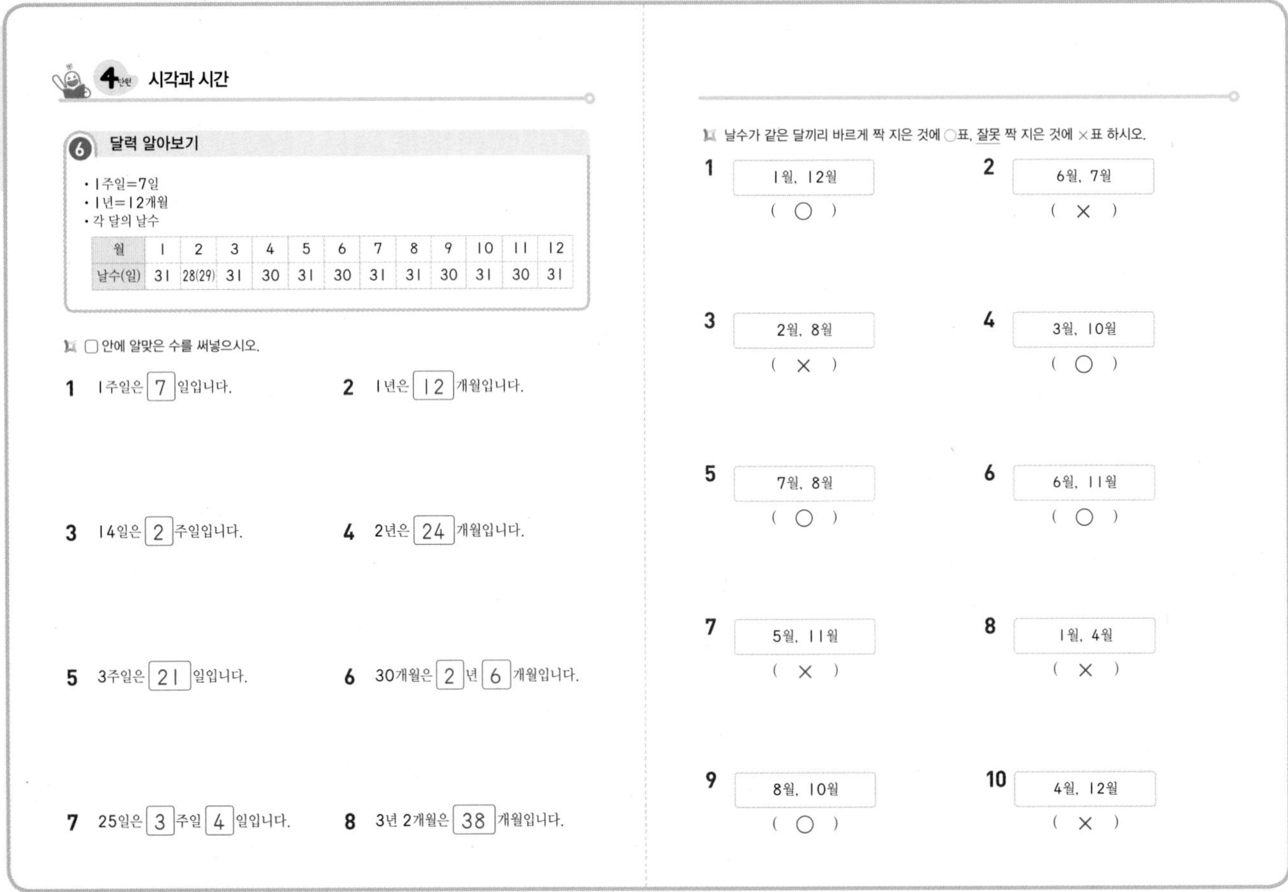

4단원 시각과 시간

6 달력 알아보기

- 1주일=7일
- 1년=12개월
- 각 달의 날수

월	1	2	3	4	5	6	7	8	9	10	11	12
날수(일)	31	28(29)	31	30	31	30	31	31	30	31	30	31

□ 안에 알맞은 수를 써넣으시오.

1 1주일은 [7]일입니다.

2 1년은 [12]개월입니다.

3 14일은 [2]주일입니다.

4 2년은 [24]개월입니다.

5 3주일은 [21]일입니다.

6 30개월은 [2]년 [6]개월입니다.

7 25일은 [3]주일 [4]일입니다.

8 3년 2개월은 [38]개월입니다.

날수가 같은 달끼리 바르게 짝 지은 것에 ○표, 잘못 짝 지은 것에 ×표 하시오.

1 1월, 12월 (○)

2 6월, 7월 (×)

3 2월, 8월 (×)

4 3월, 10월 (○)

5 7월, 8월 (○)

6 6월, 11월 (○)

7 5월, 11월 (×)

8 1월, 4월 (×)

9 8월, 10월 (○)

10 4월, 12월 (×)

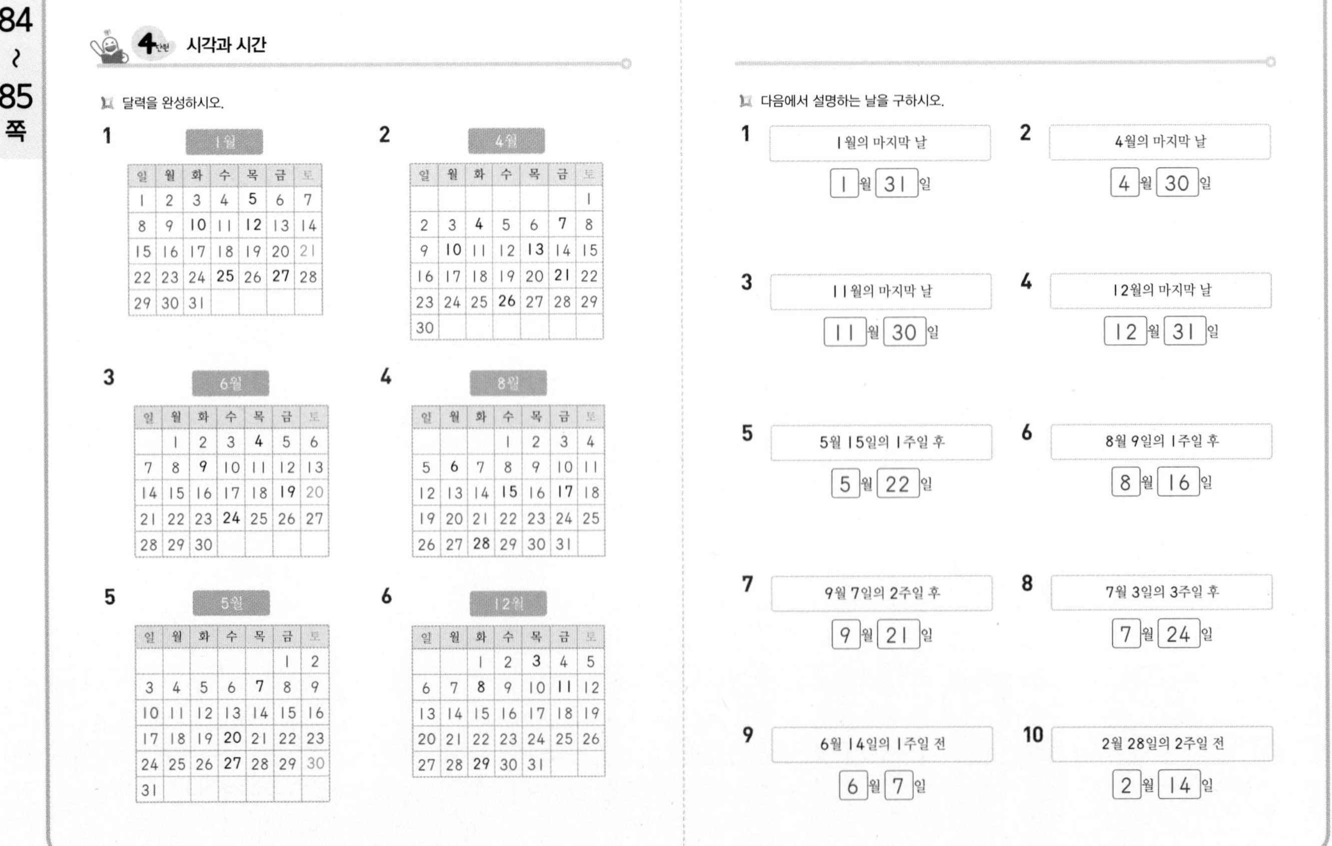

4단원 시각과 시간

달력을 완성하시오.

1 1월

일	월	화	수	목	금	토
1	2	3	4	5	6	7
8	9	10	11	12	13	14
15	16	17	18	19	20	21
22	23	24	25	26	27	28
29	30	31				

2 4월

일	월	화	수	목	금	토
						1
2	3	4	5	6	7	8
9	10	11	12	13	14	15
16	17	18	19	20	21	22
23	24	25	26	27	28	29
30						

3 6월

일	월	화	수	목	금	토
	1	2	3	4	5	6
7	8	9	10	11	12	13
14	15	16	17	18	19	20
21	22	23	24	25	26	27
28	29	30				

4 8월

일	월	화	수	목	금	토
		1	2	3	4	
5	6	7	8	9	10	11
12	13	14	15	16	17	18
19	20	21	22	23	24	25
26	27	28	29	30	31	

5 5월

일	월	화	수	목	금	토
					1	2
3	4	5	6	7	8	9
10	11	12	13	14	15	16
17	18	19	20	21	22	23
24	25	26	27	28	29	30
31						

6 12월

일	월	화	수	목	금	토
		1	2	3	4	5
6	7	8	9	10	11	12
13	14	15	16	17	18	19
20	21	22	23	24	25	26
27	28	29	30	31		

다음에서 설명하는 날을 구하시오.

1 1월의 마지막 날 → [1]월 [31]일

2 4월의 마지막 날 → [4]월 [30]일

3 11월의 마지막 날 → [11]월 [30]일

4 12월의 마지막 날 → [12]월 [31]일

5 5월 15일의 1주일 후 → [5]월 [22]일

6 8월 9일의 1주일 후 → [8]월 [16]일

7 9월 7일의 2주일 후 → [9]월 [21]일

8 7월 3일의 3주일 후 → [7]월 [24]일

9 6월 14일의 1주일 전 → [6]월 [7]일

10 2월 28일의 2주일 전 → [2]월 [14]일

86 ~ 87쪽

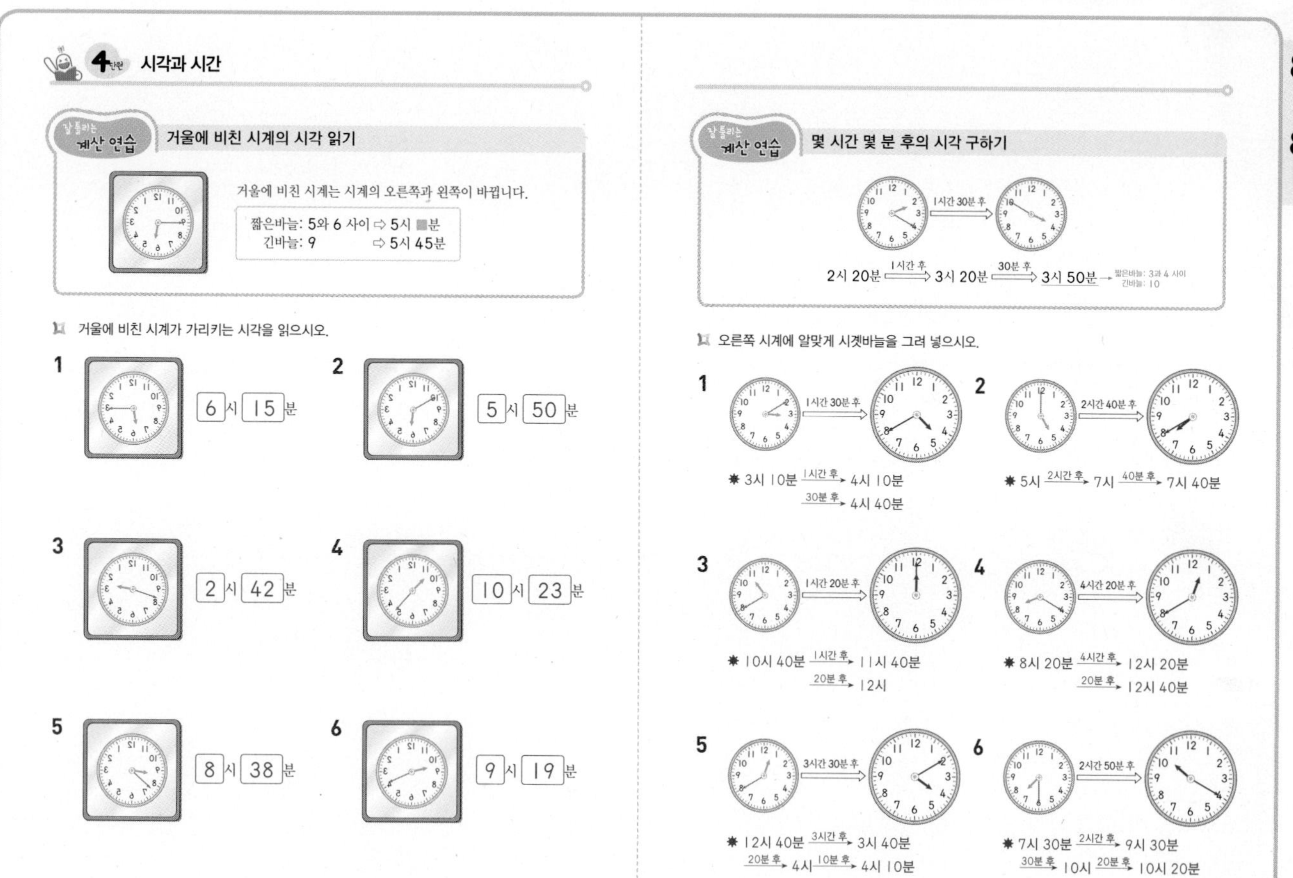

4단원 시각과 시간

계산 연습 거울에 비친 시계의 시각 읽기

거울에 비친 시계는 시계의 오른쪽과 왼쪽이 바뀝니다.

짧은바늘: 5와 6 사이 ⇨ 5시 ■분
긴바늘: 9 ⇨ 5시 45분

거울에 비친 시계가 가리키는 시각을 읽으시오.

1 6시 15분
2 5시 50분
3 2시 42분
4 10시 23분
5 8시 38분
6 9시 19분

계산 연습 몇 시간 몇 분 후의 시각 구하기

1시간 30분 후

2시 20분 —1시간 후→ 3시 20분 —30분 후→ 3시 50분 → 짧은바늘: 3과 4 사이, 긴바늘: 10

오른쪽 시계에 알맞게 시곗바늘을 그려 넣으시오.

1 1시간 30분 후
✱ 3시 10분 —1시간 후→ 4시 10분 —30분 후→ 4시 40분

2 2시간 40분 후
✱ 5시 —2시간 후→ 7시 —40분 후→ 7시 40분

3 1시간 20분 후
✱ 10시 40분 —1시간 후→ 11시 40분 —20분 후→ 12시

4 4시간 20분 후
✱ 8시 20분 —4시간 후→ 12시 20분 —20분 후→ 12시 40분

5 3시간 30분 후
✱ 12시 40분 —3시간 후→ 3시 40분 —20분 후→ 4시 —10분 후→ 4시 10분

6 2시간 50분 후
✱ 7시 30분 —2시간 후→ 9시 30분 —30분 후→ 10시 —20분 후→ 10시 20분

Memo